Rebekka Hoffmeister

Integration inner- und zwischenbetrieblicher Geschä

Dargestellt am Beispiel integrierter Warenwirtschafts

Bibliografische Information der Deutschen Nationalbibliothek:

Bibliografische Information der Deutschen Nationalbibliothek: Die Deutsche Bibliothek verzeichnet diese Publikation in der Deutschen Nationalbibliografie; detaillierte bibliografische Daten sind im Internet über http://dnb.d-nb.de/ abrufbar.

Copyright © 1996 Diplomica Verlag GmbH
Druck und Bindung: Books on Demand GmbH, Norderstedt Germany
ISBN: 9783838605340

http://www.diplom.de/e-book/216468/integration-inner-und-zwischenbetrieblicher-geschaeftsprozesse

Rebekka Hoffmeister

Integration inner- und zwischenbetrieblicher Geschäftsprozesse

Dargestellt am Beispiel integrierter Warenwirtschaftssysteme

Diplom.de

Rebekka Hoffmeister

Integration inner- und zwischenbetrieblicher Geschäftsprozesse

Dargestellt am Beispiel integrierter Warenwirtschaftssysteme

Diplomarbeit
an der Albert-Ludwigs-Universität Freiburg
Oktober 1996 Abgabe

Diplomarbeiten Agentur
Dipl. Kfm. Dipl. Hdl. Björn Bedey
Dipl. Wi.-Ing. Martin Haschke
und Guido Meyer GbR

Hermannstal 119 k
22119 Hamburg

agentur@diplom.de
www.diplom.de

ID 534

ID 534
Hoffmeister, Rebekka: Integration inner- und zwischenbetrieblicher Geschäftsprozesse:
Dargestellt am Beispiel integrierter Warenwirtschaftssysteme / Rebekka Hoffmeister ·
Hamburg: Diplomarbeiten Agentur, 1997
Zugl.: Freiburg im Breisgau, Universität, Diplom, 1996

Dipl. Kfm. Dipl. Hdl. Björn Bedey, Dipl. Wi.-Ing. Martin Haschke & Guido Meyer GbR
Diplomarbeiten Agentur, http://www.diplom.de, Hamburg
Printed in Germany

Diplomarbeiten **Agentur**

Wissensquellen gewinnbringend nutzen

Qualität, Praxisrelevanz und Aktualität zeichnen unsere Studien aus. Wir bieten Ihnen im Auftrag unserer Autorinnen und Autoren Wirtschafts- studien und wissenschaftliche Abschlussarbeiten – Dissertationen, Diplomarbeiten, Magisterarbeiten, Staatsexamensarbeiten und Studien- arbeiten zum Kauf. Sie wurden an deutschen Universitäten, Fachhoch- schulen, Akademien oder vergleichbaren Institutionen der Europäischen Union geschrieben. Der Notendurchschnitt liegt bei 1,5.

Wettbewerbsvorteile verschaffen – Vergleichen Sie den Preis unserer Studien mit den Honoraren externer Berater. Um dieses Wissen selbst zusammenzutragen, müssten Sie viel Zeit und Geld aufbringen.

http://www.diplom.de bietet Ihnen unser vollständiges Lieferprogramm mit mehreren tausend Studien im Internet. Neben dem Online-Katalog und der Online-Suchmaschine für Ihre Recherche steht Ihnen auch eine Online-Bestellfunktion zur Verfügung. Inhaltliche Zusammenfassungen und Inhaltsverzeichnisse zu jeder Studie sind im Internet einsehbar.

Individueller Service – Gerne senden wir Ihnen auch unseren Papier- katalog zu. Bitte fordern Sie Ihr individuelles Exemplar bei uns an. Für Fragen, Anregungen und individuelle Anfragen stehen wir Ihnen gerne zur Verfügung. Wir freuen uns auf eine gute Zusammenarbeit

Ihr Team der *Diplomarbeiten* **Agentur**

Dipl. Kfm. Dipl. Hdl. Björn Bedey –
Dipl. Wi.-Ing. Martin Haschke ––––
und Guido Meyer GbR ––––––––

Hermannstal 119 k –––––––––
22119 Hamburg –––––––––

Fon: 040 / 655 99 20 ––––––––
Fax: 040 / 655 99 222 –––––––

agentur@diplom.de ––––––––––
www.diplom.de ––––––––––

Inhaltsverzeichnis

	Seite
Inhaltsverzeichnis	I
Verzeichnis der Abbildungen	I
Verzeichnis der Tabellen	II
Verzeichnis der Abkürzungen	II

1. Hinführung zum Thema ... 1

2. Integration inner- und zwischenbetrieblicher Geschäftsprozesse 2

2.1 Geschäftsprozesse ... 2

2.2 Integrationsaspekte der Geschäftsprozesse ... 5

2.3 Modellierung der Geschäftsprozesse ... 8

2.4 Das Workflow - Management - System ... 14

3. Integrierte Warenwirtschaftssysteme ... 20

3.1 Bestimmungsfaktoren ... 20

3.2 Prozeßanalyse ... 29

3.3 Die Rolle des Informationsmanagements ... 39

4. Schlußbetrachtung ... 44

Literaturverzeichnis ... 46

Anhang ... 50

Verzeichnis der Abbildungen

Abb.1: Antriebsfaktoren für die Prozeßorientierung ... 2

Abb.2: Ebenen der Strukturveränderungen durch den Einsatz von
Informationstechnologie ... 3

Abb.3: Informationsebenen ... 5

Abb.4: Integrationsformen der Informationsverarbeitung ... 6

Abb.5: Architektur integrierter Informationssysteme ... 9

Abb.6: Die ereignisgesteuerte Prozeßkette ... 11

Abb.7: Elementares Petrienetz: Modell eines Getränkeautomaten........   13

Abb.8: 3-Schichten-Konzept zur Ablauf- und Datenmodellierung im

Workflow-Bereich...   13

Abb.9: Organisationsmodellierung...   15

Abb.10: Darstellung des Referenzmodells.......................................   16

Abb.11: WFMS-Architektur...   17

Abb.12: Subsysteme der Warenwirtschaft.......................................   21

Abb.13: Entwicklungsformen der computergestützten Warenwirtschaft   22

Abb.14: Der EAN-Strichcode...   25

Abb.15: Die EAN-Normalversion..   26

Abb.16: Informationskanäle im multilateralen Datenträgeraustausch...   26

Abb.17: Die EDIFACT-Datenübertragung..   52

Verzeichnis der Tabellen

Seite

Tab.1: Komponenten eines WFMS und deren Funktionen im

Referenzmodell...   15

Tab.2: Das Controlling und seine Aufgaben   37

Tab.3: Aufzählung der Subsysteme und ihre Informationen.................   38

Tab.4: Aufgaben bei der Einführung dezentraler CWWS.....................   41

Tab.5: Schichten 1 - 7 des ISO-OSI-Referenzmodells........................   51

Verzeichnis der Abkürzungen

ARIS	Architektur integrierter Informationssysteme
CASE	Computer Aided Software Engineering
CCG	Centrale für Coorganisation
CMS	Cash-Management-System
CWWS	Computergestützte Warenwirtschaftssysteme
DFÜ	Datenfernübertragung
EAN	Europäische Artikelnummer
EDI	Electronic Data Interchange
EDIFACT	Electronic Data Interchange for Administration, Commerce and Transport
EPK	Ereignisgesteuerte Prozeßkette
ERM	Entity-Relationship-Modell

ISO	Internationale Normungsorganisation
IT	Informationstechnologie
MADAKOM	Marktdatenkommunikation
MIS	Management - Information - System
PIN	Persönliche Identifikationsnummer
POS	Point-of-Sale
Pr/T	Prädikat-Transition
SDS	SEDAS-Daten-Service
SEDAS	Standardregelungen einheitlicher Datenaustauschsysteme
SIM	Strategisches Informationsmanagement
SINFOS	SEDAS-Informationssatz
SQL	Structured Query Language
WFMS	Workflow-Management-System
ZBI	Zwischenbetriebliche Integration

1 Hinführung zum Thema

Wettbewerbs- und Kostendruck sind die Hauptursache für eine Diskussion um die (Re-)Organisation von Unternehmungen in den 90er Jahren. Dabei stellt die Informationstechnologie ein zentraler Ansatzpunkt dar. Mit ihrem Einsatz ist eine völlig neue Sichtweise auf das Unternehmen möglich. Betriebliche Abläufe können transparent dargestellt werden und somit sind umfassende, tiefgreifende Änderungen in der bislang funktional gegliederten Struktur durchführbar; Unternehmen sehen die Notwendigkeit der Prozeßbetrachtung und eventueller Neugestaltung aller operativen Bereiche. Im Zuge dieser dynamischen Entwicklung, die von der Ablösung der Großrechner durch dezentralisierte Client/Server-Technologien bestimmt wird, ist es Aufgabe des Informationsmanagements, das Informationssystem auf die Organisationsstruktur auszurichten. Warenwirtschaftssysteme bedürfen hierbei völlig neue Konzeptionen, da die heutigen Anforderungen in die alten Systeme kaum integrierbar sind. Umfangreiche Sortimente und komplexe, variable Unternehmensstrukturen lassen den Bedarf an unterstützender, neuer Informationstechnologie erkennen, ihre Gestaltung gerade in mehrstufigen Handelssystemen wirft allerdings Abstimmungserfordernisse größeren Ausmaßes zwischen Zentralen und Geschäftsstätten auf.

In meiner Arbeit „Integration inner- und zwischenbetrieblicher Geschäftsprozesse, dargestellt am Beispiel integrierter Warenwirtschaftssysteme" werde ich den Prozeßgedanken erläutern und auf die Modellierungs- und Realisierungsanforderungen eingehen. Nach einer ersten Begriffsabgrenzung und einer detaillierten Beschreibung verschiedener Ausprägungen der integrierten Informationsverarbeitung folgt eine Konzeptdarstellung, mit deren Hilfe Geschäftsprozesse abgebildet werden können, und eine Einführung in Petri-Netze. Daran schließt sich eine Diskussion über Workflow-Management-Systeme, welche das Instrumentarium zur Realisierung von Geschäftsprozessen darstellen, an. In einem zweiten Teil der Arbeit sollen integrierte Warenwirtschaftssysteme und deren Bestimmungsfaktoren beschrieben werden. Schwerpunkt bildet dabei, nachdem in die allgemeine Thematik eingeführt wurde, die interne und externe Integration. Daran schließt eine Beschreibung des Zusammenwirkens von Funktionsbereichen an, mit dem Ziel, den den Warenkreislauf begleitenden Informationsfluß zu skizzieren. In einem letzten Kapitel wird die Rolle des Informationsmanagements bei der Einführung von computergestützten Warenwirtschaftssystemen herausgearbeitet, bevor in einer Schlußbetrachtung rechtliche und personalorganisatorische Aspekte angesprochen werden.

2.1 Geschäftsprozesse

Unternehmen sehen sich heute neuen Herausforderungen gegenüberstehen: Der Taylorismus wird ersetzt durch den Prozeßgedanken, was eine funktionsübergreifende Gestaltung ganzheitlicher Abläufe bedeutet.[1] Grund dieses Wandels hin zu organisatorischen Innovationen ist der verschärfte Wettbewerb. Um nicht aus dem Markt gedrängt zu werden ist Flexibilität gefragt. Daß schlichte Personalrationalisierung nicht das geeignete Mittel sein kann, beweist die andauernde Krisensituation. So zeigt Gaitanides (1994a), daß die unternehmensinternen Kostenstrukturen durch Redundanz und Ineffizienz in betrieblichen Abläufen und dem dadurch entstehenden Koordinationsbedarf gekennzeichnet sind, und eine Rückführung der Prozesse „auf die wertschöpfenden wirtschaftlichen Aktivitäten" erforderlich ist. So sei Prozeßmanagement nötig, das „planerische, organisatorische und kontrollierende Maßnahmen zur zielorientierten Steuerung der Wertschöpfungskette eines Unternehmens hinsichtlich Qualität, Zeit, Kosten und Kundenzufriedenheit beinhaltet."[2]

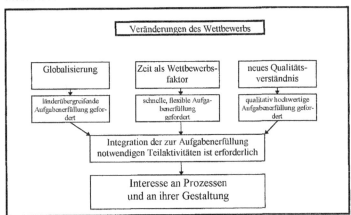

Abb.1: Antriebsfaktoren für die Prozeßorientierung; Quelle: Schwarzer/Kremar, in: Krickl (1994)

Diese Betrachtung[3] ist noch im Entwicklungsstadium; hinsichtlich der Begriffsdefinition kann man in der Literatur eine regelrechte Vielfalt entdecken. Business Process Reengineering, Business Redesign, Geschäftsprozeßmodellierung und -optimierung, Geschäftsprozeßorganisation sind einige Schlagworte, die den komplexen Zusammenhang der Prozeßorientierung und deren Techniken abbilden sol-

---

[1] Vergleiche Becker/Vossen (1996) S. 17 - 19.
[2] Vergleiche Gaitanides (1994a), S. 3.
[3] Vergleiche auch Abbildung 1.

len. Für Gaitanides (1994a) bedeutet **Reengineering** eine Ablaufverbesserung mit radikaler Neugestaltung der Strukturen und Abläufe und Ablehnen des bisher dagewesenen, was sich bis auf die Geschäftsstrategien auswirkt. Krickl (1994a, S. 21) spricht sich ebenfalls für eine derartige Arbeitsneugestaltung aus, und definiert Reengineering mit einem Zitat aus Hammer/Champy (1993) [4]: „'Reengineering', properly, is 'the fundamental rethinking and radical redesign of business processes to achieve dramatic improvements in critical contemporary measures of performance, such as cost, qualitiy, service, and speed'". (Unter anderem wendet die Boston Consulting Group Methoden dieser Zielrichtung an.[5])

Business Redesign[6] steht in diesem Zusammenhang für die Entwicklung einer Organisationsstruktur, die nur durch den Einsatz von Informationstechnologie (IT) ermöglicht werden kann.

Zuerst diente die Informationstechnologie als funktionale Unterstützung. Dann wurde eine Integration erforderlich, die die Anwendungssysteme miteinander verknüpfte und die bisherigen Geschäftsprozesse unterstützte.

Dieser Ansatz genügt aber den heutigen Ansprüchen nicht mehr. Es folgt eine Analyse und Optimierung der zur Leistungserstellung notwendigen Prozesse und deren Organisation; die Abwicklung wird mit Hilfe der Informationstechnologie umgesetzt. Dann werden die Kunden und Lieferanten in die Integration mit einbezogen und zuletzt die Geschäftsbereichsdefinition daran angepasst.[7]

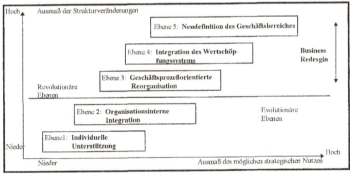

Abb. 2: Ebenen der Strukturveränderungen durch den Einsatz von Informationstechnologie; Quelle: Krickl (1994a), S. 25.

Die **Geschäftsprozeßmodellierung** soll als Abbildung der Realwelt die Zusammenhänge der Funktionen und Geschäftsbereiche erklären. Daran schließt sich die

---

[4] Hammer und Champy sind neben Harrington (Business Process Innovation, 1991) und Davenport (Process Innovation, 1993) **die** amerikanischen Vertreter der neuen (Mode-)Welle in der Managementlehre, die sich für eine generelle Prozeßgestaltung der Unternehmen aussprechen.
[5] Vgl. Hess/Brecht (1995), S. 13 - 19; bezüglich Davenport S. 20 - 25 und Harrington S. 53 - 59 sowie Hammer: S. 46 - 52.
[6] In Anlehnung an Krickl (1994a), S. 24 - 27.
[7] Siehe dazu auch die Abbildung 2.

Geschäftsprozeßoptimierung an, die eine Automatisierung von Standardabläufen vorsieht. Das bedeutet eine Abbildung der Prozesse in einem Datenmodell und eine rechnergestützte Steuerung, die die Arbeitsverteilung übernimmt.[8] Die **Prozeßorganisation** übernimmt dabei die gestalterische Konzeption und damit die konsequente Umsetzung des Material- und Informationsflusses in einer vorgangsbezogenen Aufbaugestaltung. Gemäß einer 'Bottom-up'-Orientierung werden Stellen, Abteilungen und Bereiche eines Unternehmens aus identifizierten Aktivitäten gebildet. In diesem Ansatz bildet die Problemformulierung die Basis; damit zusammenhängende Aktivitäten werden detailliert untersucht und bilden unter Beachtung der Unternehmensziele die Wertschöpfungskette.

In einem zweiten Ansatz, dem 'Top-down'-Ansatz, wird, ausgehend von einem fertigen Produkt, die Leistungserstellung kategorisiert. Dabei wird zwischen einer Festlegung der Anforderungen und Erwartungen, einer Betreuung der Leistungserstellung und der Disposition des Produktes unterschieden.

Müller/Fuhrberg-Baumann (1993) schlagen die Verwirklichung der integrierten Organisationsstrukturen durch die Einführung von Vertriebsinseln vor. Dies bedeutet eine zeitgemäße, komplette Kundenauftragsbearbeitung in koordinierten, eigenverantwortlichen Gruppen von 6 - 8 Mitarbeitern. So ergeben sich überschaubare Strukturen ohne Bruchstellen im Informationsfluß.

---

[8] Vergleiche Gaitanides (1994a), S. 4; auch für den folgenden Absatz.

2.2   Integrationsaspekte der Geschäftsprozesse

Da die Informationstechnologie ein zentrales Mittel zur Zielerreichung ist, soll im weiteren Verlauf ihr Einsatz in Bezug auf Anforderungen, Ziele und Probleme untersucht werden.

Mertens (1995, S.1) spricht von einem „Ganzen", wenn die Integration Daten, Funktionen, Prozesse, Methoden und Programme beinhaltet. Ein Informationsfluß wird möglich, wenn gemeinsame Datenbanken existieren, auf die Anwendungssysteme zugreifen können und diese Systeme selbst Daten übergeben können. Dies erfordert auch eine Verbindung von Funktionsbereichen, Vorgängen und Analysemethoden - eine unnatürliche Schnittstelle soll vermieden werden, da sie dem Prozeßgedanken widerspricht und zu Ineffizienzen und Inkonsistenzen führt. Die Programme sollen in Form von „Software - Bausteinen" oder „Moduln" integriert werden. So muß dabei festgelegt werden, welche Funktionen in welchem Modul abgebildet werden, sowie in welcher Reihenfolge und wie häufig ein Modul zum Einsatz kommt. Außerdem sollen die Benutzerschnittstellen eine einheitliche Sicht auf die Daten ermöglichen (Softwareergonomie), der Zugriff von Medien in einem Dokument möglich sein (Texte, Tabellen, Graphiken, Bilder,...) und zuletzt ein multifunktionales Terminal mehrere Hilfsmittel beinhalten.

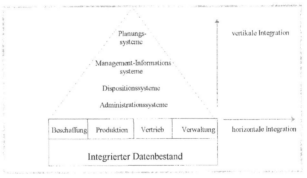

Abb. 3: Informationsebenen; (vgl. Mertens).

Als weitere Integrationsform spricht Mertens die horizontale Integration an, bei der die Teilsysteme (wie z. B. Anwendungsprogramme, Datenbanken, wissensbasierte Systeme) in der Vorgangskette miteinander verknüpft werden. So führt zum Beispiel eine Änderung in der Auftragsabwicklung zu einer Änderung der Kommissionierung und übergibt die neuen Daten.

Die vertikale Integration bedeutet ein zur Verfügungstellen von Daten auf allen Unternehmensebenen. Dabei werden sie in einer einheitlichen Struktur gehalten.[9] Dies ist auch für die zwischenbetriebliche Integration förderlich, die einen elektronischen Datenaustausch zwischen Unternehmen beinhaltet.

Inwieweit die Vorgangsketten ohne direkte menschliche Leitung arbeiten, gibt der Automationsgrad an. Während bei teilautomatischen Verarbeitungsformen ein Dialog zwischen Mensch und Maschine besteht, „diagnostiziert" und „therapiert" das System bei Vollautomation selbständig. Abbildung 4 zeigt eine Zusammenfassung der verschiedenen Integrationsformen der Informationsverarbeitung.[10]

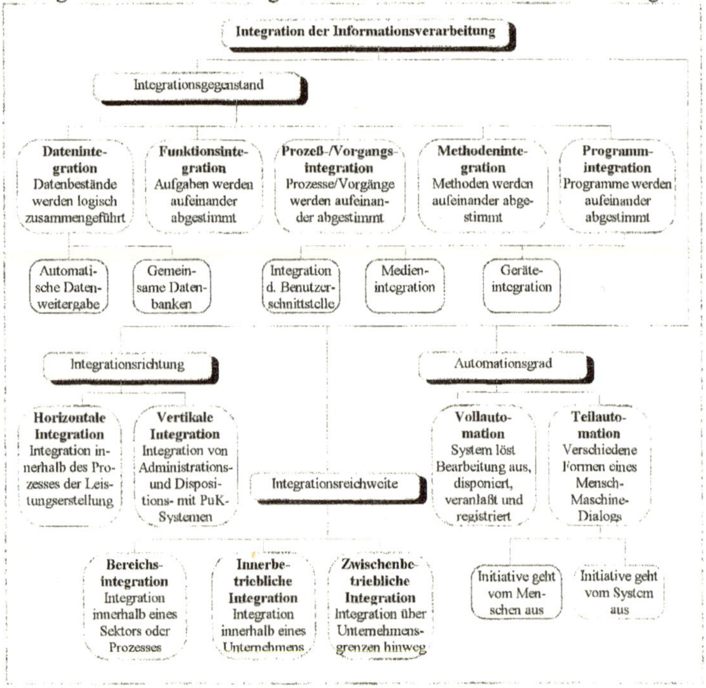

Abb. 4: Integrationsformen der Informationsverarbeitung, Quelle: Mertens (1995) S. 2.

Doch (1992) ordnet die Integrationsaspekte in drei Dimensionen an. So unterscheidet er zwischen Integrationsbereichen, Integrationsformen und ihrer Reichweite.[11]

Auch Wall (1996) betont die Notwendigkeit, „Maßnahmen zur Integration der verschiedenen Rechner zu einem umfassenden Ganzen zu ergreifen" (S. 169). Ab-

---

[9] Siehe in diesem Zusammenhang die Graphik 3.
[10] Entsprechendes ist in Heinrich (1994b), S. 162 - 170, nachzulesen.
[11] Letzteres grenzt die zwischenbetriebliche und innerbetriebliche Integration voneinander ab. Die Integrationsformen beinhalten Daten- und Funktionsaspekte, während die Integrationsbereiche in technische (Hard-/Software) und organisatorische (Anwendungssysteme) Aspekte geteilt werden.

hängig von der Leistungsfähigkeit des Zentralprozessors und der Speichereinheiten eines Rechners ist eine räumliche und organisatorische Verteilung (Dezentralisation) der Kapazitäten gemäß dem Client/Server-Prinzip möglich, deren Verbindung (Integration) durch Rechnernetze realisiert wird.[12] Dies beinhaltet Flexibilitäts- und Kostenvorteile. Wall betrachtet das Rechnernetz als eigenständige Konstruktionskomponente einer Informationssystem-Architektur und leitet daraus Integrationspotentiale ab. Diese nehmen umsomehr zu, je stärker der Zusammenhang zwischen Rechner und Netz sei.[13] Das Ziel besteht darin, trotz dezentraler Strukturen eine hohe Leistungsfähigkeit des Netzes zu erlangen, die sich in Übertragungsgeschwindigkeit und Fehlerbegrenzung bzw. Datensicherheit ausdrückt. Die Anwendungsaufgaben sollen durch die räumliche Trennung in ihrer Abarbeitung nicht behindert werden. Die Gestaltungsalternativen des Netzes sind umfangreich und hängen von den anderen Konstruktionskomponenten Rechner, Daten, Anwendungen sowie der Organisationsstruktur ab. Aus diesem Grund ist keine pauschale Konstruktionsempfehlung möglich, Wall bietet lediglich Empfehlungen in Abhängigkeit unterschiedlichster Wirkungszusammenhänge.

Als „Fundamente der zwischenbetrieblichen Integration" betrachten Gebauer/Zinnecker (1992) Normen und Standards. Eine Norm ist ein von offiziellen Gremien geschaffenes Dokument, das „für die allgemeine und wiederkehrende Anwendung Regeln, Leitlinien oder Merkmale für Tätigkeiten oder deren Ergebnisse festlegt...(EN 45020 (1991)...)" (S.18), während Standards von Firmen (Produzenten) vorgegeben werden, um ihren Marktanteil zu sichern oder auszuweiten.

Um zwischenbetriebliche Datenflüsse automatisieren zu können, müssen Rechnersysteme für die elektronische Kommunikation ausgestattet werden. Das ISO-OSI-Referenzmodell gilt als standardisiertes Kommunikationsmodell, um logische Zusammenhänge zwischen den Systemen abzubilden. Leismann (1990, S. 122ff.) spricht in diesem Zusammenhang von einer offenen Netzarchitektur, die mit herstellerunabhängigen Kommunikationsregeln problemlose Mitteilungen ermöglicht. Sieben hierarchisch angeordnete Schichten erfüllen die Funktion der Datenverarbeitung und des Transports. Im Anhang ist eine Tabelle abgebildet, die die einzelnen Schichten mit ihren Aufgaben zeigt.

Ziel einer solchen Integration ist ein den vollständigen Prozeß mitverfolgender Informationsfluß. Dadurch wird die Arbeit an mehrmaliger Erfassung und damit ver-

---

[12] Durch die sinkenden Hardwarekosten ergeben sich Potentiale zur Verbesserung der Informationssystem-Struktur.
[13] S.S. 170.

bundenen Erfassungsfehlern, die wieder behoben werden müssen, verringert. Aufgrund der umfangreichen Datenbasis sind betriebswirtschaftliche Analysen möglich, ebenso können Planungs- und Optimierungsmodelle erstellt werden. Die betriebliche Leistungserstellung wird damit effizienter, da die Information schneller verfügbar ist, die Bearbeitungszeit verringert wird und keine redundanten Daten mehr vorhanden sind. Eine solche Form der Verarbeitung ist aber auch nicht unproblematisch. Treten Erfassungsfehler auf, die nicht rechtzeitig erkannt werden, führt man sie in einer Vielzahl von Verarbeitungsabläufen mit und stellt das Unternehmensbild mit falschen Daten dar. Eine Integration erzwingt auch eine maschinelle Vorgangsbearbeitung, die personell effizienter verrichtet werden könnte. So wird deutlich, daß „eine maximale Integration nicht einer optimalen entspricht!" (vgl. Mertens (1995), S. 10). Dies zeigt auch, daß eine Umsetzung der Integration durch die Komplexität hohe Anforderungen an die Systemplaner stellt. Neben umfassenden betriebswirtschaftlichem und technischem Wissen müssen sie Prozesse erkennen und modellieren und Informationsbedürfnisse verschiedenster Mitarbeiter einschätzen können. Das System muß flexibel gehalten werden, damit es in Zukunft verändert oder ausgeweitet werden kann, wobei entschieden werden muß, ob Standardsoftware eingesetzt wird, oder eine Individuallösung geeigneter ist.[14] Trotzdem erscheint eine Gesamtbetrachtung sinnvoll und soll weiter verfolgt werden.

2.3 Modellierung von Geschäftsprozessen

Um die oben beschriebenen Integrationsformen auch umsetzen zu können, ist es notwendig, einen gut strukturierten Rahmen zu schaffen. Ein Unternehmensmodell muß erstellt werden, das Daten, Funktionen und Prozesse abbildet. Beschreibungshilfen können dabei graphische, verbale oder tabellarische Darstellungen sein. Dabei muß entschieden werden, welche Art von Informationsarchitektur verwirklicht werden soll. Zum einen können große Programmkomplexe mit umfangreichen Funktionen geschaffen werden, zum anderen kleinere, intensiv miteinander kooperierende Programmkomplexe (Modulbauweise).[15] Eine Geschäftsprozessmodellierung gewinnt mehr und mehr an Bedeutung, in der nicht mehr die technische Seite

---

[14] Vgl. Mertens (1995) S.10.
[15] Wall (1996, S. 37) definiert die Architektur eines Informationssystems nach ausführlicher Literaturrecherche folgendermaßen: „Die Architektur eines Informationssystems ist das Ergebnis der Planung der Struktur eines Informationssystems sowie der Tätigkeit zum Erreichen dieses Ergebnisses im Sinne eines Konstruktionsvorganges auf der Basis begründeter Konstruktionsprinzipien."

im Vordergrund steht, sondern intensiver auf die betriebswirtschaftlich-logischen Anforderungen eingegangen wird. Die Systemplanung nach Heinrich (1994a) umfaßt die Komponenten Gesamtsicht, Datensicht, Funktionensicht und die Verbindung der letzten beiden Bereiche durch die Ablaufsicht.

Ein in der Literatur quantitativ starken Einfluß ausübendes Modell zur Analyse und Beschreibung von Geschäftsprozessen stellt die Konzeption der Architektur integrierter Informationssysteme (ARIS) mit den ereignisgesteuerten Prozeßketten von Scheer dar. Im folgenden möchte ich auf diese Konzeption näher eingehen.[16] Scheer teilt die Architektur eines Anwendungssystems in drei Teile: in die Beschreibungssicht, Beschreibungsebene und Beschreibungssprache. In der **Beschreibungssicht** wird ein Unternehmen durch „Objekte" dargestellt. Diese bestehen aus Ereignissen, die eine Zustandsänderung hervorrufen. Dadurch wird eine auszuführende Funktion fällig, die ein Ergebnis hat und damit wiederum eine Zustandsänderung beinhaltet. Diese Abfolge kann von vier Sichten aus beschrieben werden. Zum einen aus der Sicht der Daten und deren Struktur, zum anderen aus funktionalen Gesichtspunkten oder aus der Sicht der Organisation, in der hierarchische Beziehungen dargestellt werden. Für den Zusammenhang zwischen diesen drei Sichten wird die Steuerungssicht eingeführt. Sie verbindet Ereignisse mit Funktionen in zeitlich-logischer Reihenfolge, und Daten mit Funktionen als objektorientierten Zusammenhang.

Abb. 5: Architektur integrierter Informationssysteme (ARIS), Quelle: Scheer (1996)

---

[16] In Anlehnung an Scheer/Jost (1996); in: Vossen (1996); S. 29 - 45, sowie Scheer (1995), S. 1 - 89; weitere Architekturmodelle wurden unter anderem von Zachmann und Kremar entwickelt(siehe Wall (1996), S. 38ff.). Auf andere Methoden, wie z. Bsp. das semantische Objektmodell (SOM) von Ferstl/Sinz, soll nicht eingegangen werden.

In der **Ebenenbetrachtung** teilt Scheer die Beschreibung wiederum in drei Aspekte: Im Fachkonzept wird die betriebswirtschaftliche Seite als Grundlage des weiteren Systemaufbaus behandelt. Funktionen werden mit Methoden wie dem Funktionsbaum, der Ablauffolge oder dem Struktogramm beschrieben, eine Aufbau- und Ablauforganisation sowie das ERM-Grundmodell werden abgebildet. Die Modellierungsergebnisse werden in der Steuerungssicht einander zugeordnet und verknüpft. Im Datenverarbeitungskonzept erfolgt die Umsetzung in technische Strukturen - orientiert an den Möglichkeiten der Informationstechnik. Module, Kontrollstrukturen und Ein- und Ausgabepräsentation werden für die Funktionssicht entworfen, während für die Organisationssicht durch die Netztopologie der Kommunikations- und Koordinationsbedarf in einer Organisationsstruktur abgebildet wird. Eine Zuordnung der Organisationseinheiten auf Rechnerebenen / -knoten ist notwendig, welche auch die dezentrale Vernetzung beinhaltet. Aus den ERM-Datenstrukturen wird die Datensicht des Datenverarbeitungskonzepts als Relationenmodell oder Netzwerkmodell formuliert. Die Umsetzung der Verknüpfung der drei Sichten in der Steuerungssicht wird zuerst zwischen jeweils zwei Komponenten betrachtet, bevor der Gesamtzusammenhang behandelt wird. So werden:

- Knoten der Rechnertopologie,

- Benutzerzugriffe auf Programmmoduln,

- und Organisationseinheitenzugriffe auf Masken zugeordnet;

- Verbindungen von Relationen mit Programmmoduln hergestellt, wodurch Datenbanktransaktionen und letztendlich Benutzertransaktionen möglich werden.

- Daten auf die Knoten eines Rechnernetzes verteilt.

Der Gesamtzusammenhang läßt sich jetzt durch die Erweiterung der Vorgangsketten aus dem Fachkonzept um die Trigger- und Aktionssteuerung sowie um die verteilte Datenverarbeitung aus dem Datenverarbeitungskonzept darstellen. Der Trigger ist ein Steuerungsmechanismus, der Teilvorgänge auf Arbeitsplätze zuordnet, sowie einen Informationsfluß ermöglicht. Zur verteilten Datenverarbeitung gehört die Distribution der Anwendungen und auch der Datenspeicherungen auf die Knoten eines Rechnernetzes (wobei in Kauf genommen wird, daß hohe Koordinationserfordernisse entstehen - z. B. Client/Server-Architekturen). Auf der letzten Ebene, der Implementierung, werden physische Zuordnungen und Verbindungen und außerdem Datenbankschemata hergestellt, was eine Zuweisung auf hard- und softwaretechnische Komponenten bedeutet. Zur bildlichen Darstellung siehe Abbildung 5.

Zur Art der Darstellungsform der Geschäftsprozeßbeschreibung schlägt Scheer die ereignisgesteuerte Prozeßkette (EPK) vor. Dabei betont er den Integrationsaspekt. Funktionen, die in verschiedenen Fachbereichen angewendet werden, sollen nur einmal definiert werden und mit demselben Symbol in verschiedenen Abläufen übernommen werden. In der EPK sollen die zu einem Prozeß gehörenden Funktionen detailliert inhaltlich und zeitlich voneinander abhängig aufgeschlüsselt werden. Eine zentrale Rolle spielen dabei Ereignisse, die zu Zustandsveränderungen führen. Verknüpfungsoperatoren ermöglichen die Darstellung von parallel verlaufenden Prozeßpfaden. Scheer faßt Funktionen und Ereignisse in dem Begriff „Objekttypen" zusammen. Dazu fügt er Datenobjekte und Organisationseinheiten hinzu, um die benötigte Datenmenge herauszuarbeiten und die Verantwortlichkeit der Funktionen einzuorden. Weiterhin definiert werden müssen Beziehungstypen (Kantentypen) mit semantischer Aussagekraft.[17,18]

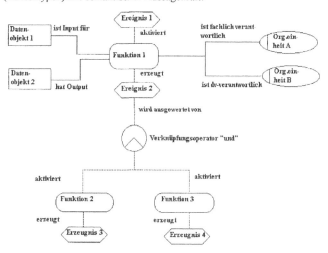

Abbildung 6: Die ereignisgesteuerte Prozeßkette,Quelle: Scheer/Jost (1996), S. 37.

Alle Prozeßglieder und deren Abhängigkeiten sollten in einheitlicher Darstellungsform festgehalten werden (Modellierungsrichtlinien befolgen) (Bsp. graphische Anordnung).

Um der Forderung gerecht zu werden, auch objektorientierte Methoden in der EPK miteinzubeziehen, werden Konstrukte wie beispielsweise Klassen, Datenkap-

---

[17] Vergleiche dazu Abb.6.
[18] Als technische Hilfe (zur Werkzeugunterstützung der Systemplanung: CASE-Systeme) wurde ein Softwaresystem 'ARIS-Toolset' entwickelt, das Geschäftsprozesse analysiert, modelliert und navigiert. Näheres dazu in einem Aufsatz von Scheer, A.-W. (1996), in dem die Entwicklung einer Technik beschrieben wird, die auf die Scheer'sche ARIS-Konzeption aufbaut.

selungen und Nachrichtenaustausch erstellt. Dies soll hier aber nicht weiter erläutert werden.

Die EPK läßt sich nach Desel/Oberweis (1996) als spezielles Petri-Netz definieren.

Durch Petri-Netze können verteilte Systeme und deren Abläufe graphisch klar dargestellt werden; Grundlage dazu ist eine Schaltregel: gerichtete Graphen (Kanten) mit zwei Knoten (Stellen und Transitionen) werden aneinander gereiht. Eine Stelle - meist durch einen Kreis dargestellt - weist statische (passive) Gegebenheiten „wie Bedingungen, Zähler, Zustände, also beliebige Datentypen" (S. 360), aus. Transitionen sind dynamische (aktive) Komponenten und beinhalten Ereignisse, Operationen und Transformationen. Sie werden durch Rechtecke symbolisiert und ermöglichen einen Informationsfluß, außerdem können durch sie Zustandsveränderungen eintreten (Änderungen von Objekten und Stellen).

Gemäß dem Lokalisationsprinzip treten Änderungen aber nur im unmittelbaren Vor- und Nachbereich der Transitionen auf, also nur in anschließenden Knoten und Graphen.

Die Darstellungsform eines Petri-Netzes existiert in vielen verschiedenen Variationen. Zusätzliche Informationen werden durch Beschriftung der Komponenten angebracht. Dadurch ist die Interpretation eines Netzmodelles abhängig von der betrachteten Klasse. Handelt es sich um elementare oder höhere Netze? Liegt der Schwerpunkt bei System-, Ausführungs- oder Ablaufnetzen?

Die oben beschriebene Form wird meist als Kanal/Instanzen-Netz bezeichnet. Reinwald (1993)[19] erwähnt drei weitere Formen: die Bedingungs/Ereignis-Netze, Stellen/Transitions-Netze sowie die Prädikat/Transitions-Netze.

Im ersten Fall sind die Stellen Bedingungen, die durch eine Kennzeichnung als erfüllt beziehungsweise ohne Markierung[20] als nicht erfüllt gilt. Transitionen sind Ereignisse. Nach der Aktivierungsregel wird die Transition „in Angriff" genommen, wenn die vorgelagerte Stelle erfüllt, die nachgelagerte nicht erfüllt ist. Die Transitionsregel beinhaltet durch die Aktivierung des Ereignisses ein Entfernen der Kennzeichnung der Vorbedingung und eine Markierung der Nachbedingung.

Die Stellen/Transitionsnetze bauen auf dieser Systematik auf: Multiple Markierungen sind auf den Stellen möglich („Kapazität einer Stelle"); sie können auch mehrfach durch den Schaltvorgang entnommen beziehungsweise abgelegt werden („Gewichte an den Kanten"). Hier lautet die Aktivierungsregel, daß die Anzahl an Markierungen der Eingangsstelle der Anzahl der Gewichte der Eingangskanten

---

[19] Vgl. S. 85 - 89.
[20] Heinrich (1994a), S. 130: Markierung = Übergang von Netzen der Abbildung der kausallogischen Beziehung zu Netzen, die dynamische Verhalten abbilden.

entsprechen muß, gleiches gilt für die Ausgangsstelle. Dabei sind Kapazitätsgrenzen zu beachten. Die Transitionsregel entspricht der obigen.

Bei der letzten Netzform, die Prädikat/Transitions-Netze, beinhalten die Marken identifizierbare und strukturierte Informationsobjekte. Die Transition selbst besitzt Schaltbedingungen (Vorbedingungen) und Schaltwirkungen (Nachbedingungen). Bei Aktivierung werden die freien Variablen der Marke in Abhängigkeit der Bedingungen erneuert.[21]

Abb.7: Elementares Petrinetz: Modell eines Getränkeautomaten, Quelle: Desel (1996)

Im Rahmen der Modellierung betrieblicher Abläufe unterstützen Prädikat/Transitions-Netze gemäß Desel/Oberweis (1996) die statische Datenmodellierung nach dem relationalen Prinzip, da sie dieses Modell bezüglich der Prozeßbeschreibung (Dynamisierung) erweitern. (Stellen beinhalten den relationalen Aufbau und Transitionen entsprechen der Abfragesprache). Die Abbildung 8 zeigt das 3-Schichten-Konzept als Entwicklung von einer fachlichen Prozeßbeschreibung über die implementationsabhängige Ebene zur Ausführungsebene, mit dem Ziel einer integrierten Ablauf- und Datenmodellierung im Workflow-Bereich.

semi-formale Modellierungsebene		formale Modellierungsebene		Ausführungsebene
Editor		zu große inhaltliche Distanz		Workflowmanagementsystem
semi-formale graphische Notationen, z.B. EPKs				Workflowprogrammiersprache
Transformation				Generierung und Ergänzung
Netzeditor	Präzisierung	Analyse- und Simulationswerkzeug	Erweiterung	Petrinetz-Engine
Kanal/Instanz-Netze		Pr/T-Netze		Pr/T-Netze
Datensicht		Daten-definition		Anwendungsdaten
ER-Editor	Generierung		Program-mierung	Datenbank-Managementsystem
ER-Diagramme		Datenbank-Entwurfswerkzeug		
		Relationen-Modell		SQL-Implementierungen

Abb.8: 3-Schichten-Konzept zur Ablauf- und Datenmodellierung im Workflow-Bereich, Quelle: Desel/Oberweis (1996)

---

[21] Zur Unterstützung der verbalen Darstellung siehe Abbildung 7: ein Bedingungs/Ereignis-Netz.

2.4   Das Workflow - Management - System

Die „Basistechnologie zur Umsetzung von Geschäftsprozessen" ist das Workflow-Management-System (WFMS) (vgl. Becker/Vossen (1996, S. 21)). Indem es Prozesse definiert und managed, agiert es wie eine „Dokumentenverwaltung". Dabei werden die Dokumente in einer elektronischen Mappe zusammengefaßt und wandern von Instanz zu Instanz, wo sie dann bearbeitet werden können (vgl. Mertens (1995, S. 13)). Die Informatik sieht nach Becker/Vossen im WFMS eine Weiterentwicklung der Electronic-Mail-Systeme mit Unterstützung von Multimediadatenbanken. So ist eine dezentrale Verbindung möglich.

Pitschek (1994) bringt WFMS mit einer Teilautomatisierung in Verbindung, in der Anwender Tätigkeitsketten datenverarbeitungsgestützt bearbeiten können. Ein optimaler Arbeits- und Informationsfluß soll erreicht werden, der die Unternehmensziele unterstützt. Außerdem dienen sie zur Anpassung und Änderung von Geschäftsprozessen, deren allgemeiner Ablauforganisation und helfen bei der Analyse von bestehenden Abläufen. Jablonski (1995) unterstreicht in seinem Beitrag über WFMS die Bedeutung der Modularität und Orthognonalität von Workflows, damit diese an neue Gegebenheiten anpassbar sind und effizient bleiben, also wartungsfähig sind. Eine Zusammenarbeit zwischen Mensch und Maschine stützt sich dabei auf die Übertragung von Informationen (Kommunikation), den gemeinsamen Zugriff sowie die Übergabe der Aufgaben (Kooperation) und die Abstimmung der Aktivitäten (Koordination). Im folgenden sollen die Anforderungen an ein solches WFMS in einem Referenzmodell (auf der Basis von Pitschek) dargestellt werden. Dieses besteht aus fünf Komponenten:[22]

Mit der **Organisationsmodellierung** wird das Unternehmen hinsichtlich seiner Abläufe abgebildet. In einer „Aufbauorganisation" werden Rollen, Stellen und Funktionen in einem elektronischen Organigramm dargestellt. Inhaltlich wird hier ein konkreter Zusammenhang zwischen Benutzer und Funktion dargestellt, der auch Pflichten und Verantwortungsbereiche beinhaltet. Außerdem werden datentechnische Aspekte festgelegt (vgl. Reinwald (1993), S. 46). Die „Ablauforganisation" modelliert die vom WFMS gesteuerten Prozesse. Bedeutend ist dabei das Einhalten einer logischen und zeitlichen Reihenfolge der Aufgaben und Informationsobjekte.[23] Die Informationsobjekte beinhalten die zu versenden-

---

[22] Vgl. auch Tabelle 1.
[23] Reinwald (1995) behandelt dies unter dem Thema „kontrolltechnische Aspekte", S. 46. Vergleiche hierzu auch das Kapitel 2.3 und die Abbildung 9.

den Daten. Das Ergebnis dieser Darstellung ist die „Organisationsdatenbank" und damit die Grundlage eines WFMS.

Organisations-modellierung	Verteilung / Transport	Anwenderschnitt-stellen	Auswertefunk-tionen	Schnittstellen-mechanismen	weitere Anforde-rungen
°Beschreibung der Objekte:	°Auswahl der nächsten Bearbeitungs instanz	°Verwaltung von elektronischen „To-Do-Listen"	°Beschreibung der Organisati-onsdaten	°Integration von Basis-diensten:	°internationale Normen und Standards be-rücksichtigen
-Mitarbeiter -Stellen - Rollen	°logische Verteilung der Aufgaben	°Starten eines Vorganges	°Beschreibung der Vorgangsda-ten	°Textverarbei-tung	°Implementie-rung gemäß der Client/Server-Architektur
-Organisa-tionseinheiten	°Fachdaten weiterleiten	°Beenden eines Vorganges	°aktive Vorgänge mit aktuellen Stati	°Transport-dienste (Netzwerke)	°einfache Benut-zung sicherstel-len
-Kompetenzde-finition	°Manipu-lation der Vorgangs-datenbank	°Starten einer Aufgabe	°involvierte Mitarbeiter	°Datenbank-systeme	°Integrations-fähigkeit anderer Produkte
-Organisa-tionsaufbau	°Kompetenz-prüfung	°Beenden einer Aufgabe	°Rückstandsauf-wertungen	°Betriebs-systeme	°Datenaustausch-barkeit ermögli-chen
-Einzeltätig-keiten	°Terminkon-trolle	°Aufruf der Methode zur Manipulation von Fachdaten		°Document Processing Services	°Relationales Datenbankma-nagementsystem zur Datenverwal-tung
°logische Verkettung (Vorgang) °involvierte Mitarbeiter °involvierte Informations-objekte	°Reagieren auf Termine/ Prioritäten	°Bestimmung von Terminen/ Prioritäten °Wiedervorlage von Aufgaben (zeitgesteuert) °Sonderfunk-tionen der Vor-gangsbear-beitung	.	°Volltextdaten-banksysteme °Archivierung	°Systemadminis-tration sicherstel-len

Tab. 1: Komponenten eines WFMS und deren Funktionen im Referenzmodell, Quelle: Pitschek (1994).

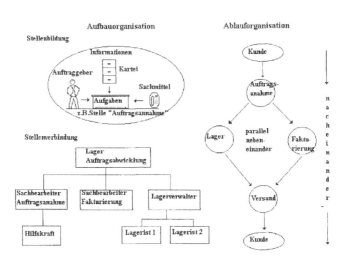

Abb. 9: Organisationsmodellierung, Quelle: Reinwald (1993). S. 47.

Kernfunktion des WFMS besteht in der optimalen **Distribution** der Aufgaben und Informationsobjekte an die Mitarbeiter. Dabei werden sie aus der Organisationsdatenbank gelesen und interpretiert. Durch das „Überbringen" der Informationsobjekte wird eine „Vorgangsdatenbank" erzeugt, die die aktuelle Prozeßbearbeitungsstufe dokumentiert und dadurch Transparenz erzeugende und kontrollierende Funktionen übernimmt. Die **Anwenderschnittstelle** definiert alle vom Mitarbeiter auszuführenden Funktionen und präsentiert damit das System. Dabei kann hier der momentane Auswertungsstand mit Hilfe der **Auswertefunktionen** abgefragt werden. Da das WFMS „Dienstleister" für die Basis-EDV-Infrastruktur ist, müssen **Schnittstellen** für den Zugriff auf Anwendungen realisiert werden. Voraussetzung ist dabei die Offenheit der Anwendungssysteme (vgl. Pitschek). Ein Integrationsdienst, der die benutzergerechte Bereitstellung, die transparente Handhabung und die konsistente Datenhaltung für die Aktivitäten umfaßt, kann nur dann funktionieren, wenn die entsprechenden Aktivitäten Schnittstellen anbieten, die das System aktivieren und den Nachrichtenaustausch ermöglichen und damit Fähigkeit zur Interoperabilität beziehungsweise Kooperation ausdrücken (vgl. Reinwald 1993, S. 93 - 94). Abbildung 10 zeigt die Zusammenhänge der Komponenten des Modells:

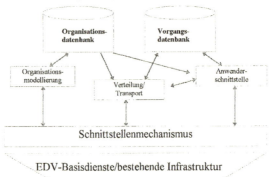

Abb. 10: Darstellung des Referenzmodells; Quelle: Pitschek (1994)

Nach Jablonski (1995) wird bei der Modellierung schrittweise eine Zielvorstellung herausgearbeitet, die den Sinn einer Ausführung eines Workflows herausstellt. Daraus lassen sich Aktivitäten ableiten, die das „Was" darstellen. Die komplexe Struktur eines Workflow (Topworkflow) wird in elementare Vorgänge (Subworkflow) eingeteilt, die wiederum auf die eigentlichen Applikationen zugreifen. Applikationen sind dabei Anwendungssysteme, ausführende Programme oder einfach nur Platzhalter. Als ausführendes Organ werden den Workflows Aktoren zugeordnet. Um eine statische Zuordnung zu vermeiden, wird eine

„organisationsbezogene Rolle" angesprochen, durch deren Kompetenzdefinition der Aktor oder die Aktoren bestimmt werden.

Die eigentliche Organisation des Ablaufs wird durch Notifikation, Synchronisation und Verwaltung von Arbeitslisten beschrieben. Der Aktor erfährt beispielsweise durch eine elekronische Post von einer ihm zugewiesenen Aufgabe, die er in Abhängigkeit von anderen Mitarbeitern bearbeiten soll. Dabei können mehrere Anwender dieselben Informationen erhalten, aber nur einer von ihnen schließt den Teilvorgang ab, oder die Aktoren müssen Teilaufgaben in zeitlicher Abstimmung ausführen. Um die Ausführung zu steuern gibt Jablonski die vorgegebene Ablaufkontrolle (serielle, alternative und parallele Ausführung), und die äquivalente Ablaufkontrolle, die Zeit- und Existenzbedingungen beinhaltet, an. Mit Arbeitslisten werden die Aufgaben betreut.

Die von Instanzen weitergereichten Daten bestimmen den alternativen Weg einer Aufgabe. Aus den zur Verfügung stehenden Nutzdaten bildet sich die Teilmenge von Kontrolldaten (Primärschlüssel oder Zeiger) heraus, die eine korrekte Bearbeitung sicherstellen.

Als wichtige Informationsquelle dient die Historienverwaltung, der Speicher für dezentrale Anwendungen.

In der Realisierungsphase wird das WFMS mittels einer Skriptsprache und graphischen Darstellungsmöglichkeiten spezifiziert und die Systemkomponenten in einer Client/Server-Architektur aufgebaut. Die Abbildung 11 zeigt eine mögliche WFMS-Architektur in zentralisierten Systemen.

Abb. 11: WFMS - Architektur, Quelle: Jablonski (1995)

Drei Bereiche sind in diesem Aufbau zu unterscheiden: der WFMS-Kern (Controller), der die „Kontrollstrukturen auswertet" und damit die Abarbeitung des Workflows bestimmt; die WFMS-Schale, bestehend aus den Komponenten: Programmanager, Rollenauflösung, Notifikation, Synchronisation, Datenmanager, Historienmanager und Kausalitätsmanager; und zuletzt die Ebene der Anwendungsprogramme, Arbeitslistenverwaltung und Agenten.

Mit Schnittstellen zwischen Kern und Schale, Schale und Programmen, zwischen Notifikation/Synchronisation und Arbeitsliste, sowie zuletzt zwischen Arbeitsliste und Agent ist eine Kommunikation möglich, jedoch ist die Mitteilungsverbindung zwischen externen Bereichen ausgeschlossen.

Zur Modellierung und Reorganisation von Geschäftsprozessen verwendet das Unternehmen Action Inc. in Arbeitsschritte zerlegte Workflows, die alle Koordinationsbeziehungen beinhalten, die zu einem Austausch von Leistungen notwendig sind.[24]

Bei verteilten Anwendungen in räumlich verteilten Organisationseinheiten werden Verarbeitungsaufträge und Resultate als eine Kommunikationsnachricht zwischen Client (Auftragsbearbeitung) und Server (Auftragnehmer, Schale) ausgetauscht.

Durch die Trennung von logischen und physischen Bereichen können Informationen unabhängig vom Standort genutzt werden. So ist es möglich, durch Kommunikationsnetzwerke Teilsysteme einzubeziehen und sequentielle Abläufe parallel verlaufen zu lassen.[25] Ein zwischenbetrieblicher Informationsaustausch kann durch Electronic Data Interchange (EDI) integriert werden.[26]

In bezug auf die Client/Server-Architektur zeigt Hertel (1992, S. 269ff.) nach Darstellung der Grundstruktur, gemäß welcher der Client die Benutzerschnittstelle und Verarbeitungsprogramme umfaßt und der Server die Datenbankorganisation beinhaltet, vier weitere Formen, welche unterschiedliche Schwerpunkte bei der Verteilung von Anwendungen auf Client und Server beinhalten.

Unter dem Stichpunkt „verteilter Dialog" übernimmt der Client die Rolle der Dialogsteuerung, was Kommunikations- und Ausgabefunktionen beinhaltet. Der Server führt die Verarbeitungslogik und die Datenbankzugriffe aus.

Im Falle der „verteilten Funktionen" sind Anwendungsprogramme nicht mehr zentral beim Server, sondern Teile davon, die selten verändert werden, werden neben der Dialogsteuerung von der Workstation verarbeitet.

Bei der „verteilten Datenhaltung" liegt beim Server nur noch das Datenbankmanagement und die Datenbankzugriffe, während der Client jetzt neben der Dialogsteuerung auch die Verarbeitungslogik integriert.

Die letzte Form, die „verteilte Benutzeroberfläche", trennt die eigentliche Dialogsteuerung von der Graphikkomponente.

---

[24] Vgl. Hess/Brecht (1995), S. 7 - 12.
[25] Eine Analyse der physischen Kommunikationsschicht und ihre Integrationspotentiale würde den Rahmen dieser Arbeit sprengen. Eine grundlegende Einführung findet man in Fischer, J., u.a. (1994) S. 152ff. Hier sei nur darauf hingewiesen, daß die Netzwerktechnik die Basis für die Netzwerkanwendungssoftware wie Workflow-Management-Systeme darstellt.
[26] Vgl. zu diesem letzten Abschnitt auch Kruse/Scheer (1994).

In bezug auf die Warenwirtschaft schlägt Hertel (1992, S. 275) die Aufteilung der Aspekte Benutzeroberfläche, Dialogsteuerung, Verarbeitungslogik und Datenbank zwischen Client und Server derartig vor, daß unter Beachtung einer konsistenten Datenhaltung die Funktionalitäten dezentralisiert werden. Dazu eignen sich gerade die Bereiche Disposition, Wareneingang und Rechnungsprüfung. Die notwendigen Informationen zur Ausführung der Anwendung werden zu Beginn der Bearbeitung in „der zentralen Datenbank gesammelt und an die dezentrale PC-Datenbank übertragen".[27] Nach Abschluß des Vorganges werden die neuen Daten und Ergebnisse wieder an den Host gesendet.

Verbesserte Leistung und höhere Flexibilität sind Nutzaspekte dieser Organisation; beachtet werden muß andererseits ein erheblicher Synchronisationsaufwand für das Datenbanksystem. In dieser Form der Arbeitsorganisation ist es möglich, die Vorzüge von Zentralisation und Dezentralisation gleichermaßen zu nutzen. Reinwald (1993, S. 101) schreibt dazu: „Komplexe Organisationen sind räumlich verteilt und arbeiten hochgradig autonom in Arbeitsgruppen.(...) Die Anforderungen, die sich aus diesen Organisationsstrukturen ergeben, werden häufig mit den Begriffen 'lokale Autonomie', 'kooperative Autonomie' oder 'arbeitsteilige Kooperation' umschrieben. Eine äquivalente Nachbildung der betrieblichen Organisationsstrukturen läßt sich nur mit Hilfe verteilter Systeme erreichen."

---

[27] Siehe Hertel (1992), S. 276.

3   Integrierte Warenwirtschaftssysteme

3.1   Bestimmungsfaktoren

Nachdem die Integration von Geschäftsprozessen allgemein behandelt wurde, sollen nun die Warenwirschaftssysteme analysiert werden. Zu Beginn möchte ich nochmals kurz eine Begriffsabrenzung vornehmen. Im Bereich der vertikal organisierten, mehrstufigen Handelssysteme[28] besteht zwischen den Ebenen eine enge Beziehung für den Informationsaustausch. In der Literatur werden zwei Typen von Handelssystemen unterschieden: die filialisierenden und die kooperierenden Handelssysteme.[29] Während in der Gruppe der Filialsysteme die Zentrale über die Weisungsbefugnis verfügt und somit eine feste hierarchische Struktur vorgegeben ist, haben sich in kooperierenden Systemen selbständige Geschäftsstätten aus Gründen der Wettbewerbsfähigkeit durch verschiedene Verträge an eine Kooperationszentrale gebunden. Dieser Unterschied hat bedeutende Auswirkungen auf die Führungsbeziehung zwischen Systemzentrale und Geschäftsstätten. Das Rollenverständnis der Systemzentrale (Machtverteilung) bestimmt den Zentralisationsgrad der Entscheidungsstruktur sowie der Informationswirtschaft und deren Ausgestaltung. Während in einem Filialsystem die Zentrale das Informationsmanagement übernimmt, besteht in kooperierenden Handelssystemen die Notwendigkeit einer demokratischen Absprache, wobei ein Interessenausgleich notwendig ist, bevor Entscheidungskompetenzen und Teilfunktionen eines Warenprozesses abgegeben werden.[30] Dies verlangsamt die Durchsetzungsgeschwindigkeit erheblich und kann zu Wettbewerbsnachteilen führen, wenn es um die Einführung innovativer Technologien geht, wie im folgenden noch deutlich wird.

Die Warenwirtschaft besteht aus physischen, administrativen und informationellen Tätigkeiten in Handelsunternehmen, aber auch in Industriebetrieben und zwischen den beiden Sparten (als Distributionssysteme).[31] Handelslogistische Aufgaben wie Wareneingang, Lagerung und Warenausgang werden von Warenprozeßsystemen

---

[28] Hier soll keine explizite Unterscheidung von verschiedenen Handelssystemen vorgenommen werden. Es sei lediglich erwähnt, daß im Einzelhandel bezüglich Großbetrieben laut Köckeritz (1991) grob zwischen Warenhäusern, Kleinpreiswarenhäusern, Supermärkten, Verbrauchermärkten/SB-Warenhäusern, Fachmärkten, Versandhäusern und Discountern abgegrenzt wird (s. S. 20ff.) und allgemein zwischen Einzel- und Großhandel eine Trennung vorgenommen wird. Der Einsatz von Warenwirtschaftssystemen sind für alle Handelssysteme jedoch unabdingbar.

[29] Vgl. Olbrich (1992).

[30] Vgl. hierzu auch Leismann (1990), S. 35 - 40, wo sie ausführlich auf Verbundgruppen im Handel eingeht.

[31] Bezüglich der genauen Definition siehe Olbrich (1992),. S. 40ff. oder Ebert. (1986), S. 52ff., oder Köckeritz (1991) S. 12ff.

gesteuert, während Informations- und Entscheidungsprozesse von Warenwirtschaftssystemen gesteuert werden. Warenwirtschaftssysteme stellen hierbei die
Informationsbasis des Warenwirtschaftsmanagements dar und bilden außerdem die
Grundlage für Marketinganalysen. Die Abbildung 12 zeigt aus dieser Sicht eine der
gängigsten Darstellungsformen der Systeme im Handelsbetrieb:

Abb.11: Subsysteme der Warenwirtschaft, Quelle: Olbrich (1992) S. 41 und Bullinger, u.a. (1990) S. 11.

Bei computerunterstützten Warenwirtschaftssystemen (CWWS) werden Teilfunktionen der handelsbetrieblichen Informationsprozesse durch ein Hard- und Softwa-
repaket (PC, Scanningkassen, Medien zur Datenfernübertragung usw.) unterstützt.
Damit wird Sortiments- und Preispolitik, Warenplazierung und -präsentation, sowie Werbepolitik gefördert.

Durch den vermehrten Einsatz eigener CWWS in der dezentralen Warenwirtschaft
(also in den Geschäftsstätten) wird die Möglichkeit geschaffen, den Warenfluß vom
Eingang in der Systemzentrale bis zum Abverkauf in den Geschäftsstätten „in
Echtzeit" mitzuverfolgen. Teilfunktionen, wie die exakten Bestandsmeldungen,
unterstützen die Informationsgrundlage der Geschäftsstätten und müssen nicht
mehr von den zentralen CWWS indirekt ermittelt werden. Zur Optimierung der
wertschöpfenden Aktivitäten betont auch Schütte (1996) eine Geschäftsprozeßbe-
trachtung und auch ein integriertes Informationssystem in allen räumlich verteilten
Betriebsstätten. So soll eine Architektur von Handelsinformationssystemen modelliert werden, um eine Rahmenordnung als Orientierungshilfe zu erhalten, die die
Identifikation von Schwachstellen (wie Organisations- und Medienbrüche) unterstützt. Die Effizienz der Ablaufautomatisierung ist davon abhängig, inwieweit eine
organisatorische Lösung mit einer informationstechnischen Lösung in Einklang

gebracht werden kann, wenn Massendaten wie in der Rechnungsprüfung oder der Kommissionierung verarbeitet werden müssen.

Welche Nutzenpotentiale dies bietet und was für Voraussetzungen geschaffen werden müssen, soll Gegenstand der weiteren Betrachtung sein. Zu diesem Zweck sollen die Entwicklungsrichtungen der internen Integration aufgezeigt werden, die zur vertikalen Informationsversorgung in Handelssystemen beitragen.

Das **isoliert-offene System** stellt die traditionelle Form der CWWS dar. Erfaßt werden dabei Bestell- und Wareneingangsdaten in der Systemzentrale (Zweck: z. B. Rechnungsprüfung und Beschaffungsstatistiken bezüglich des Herstellers). Eine Erweiterung der Informationsbasis für die Zentrale bietet die Erfassung des Warenausganges zu den Geschäftsstätten. Diese Form wird **isoliert-geschlossenes** System genannt (Zweck: z. B. computergestützte Zentrallagerbestandsführung, automatisches Bestellvorschlagssystem). Im Hinblick auf die vertikale Informationsversorgung sind diese Formen jedoch nicht ausreichend. Die zentrale Datenerfassung wird erweitert um die Bestelldaten der Geschäftsstätten. Somit ist als **teilintegriertes System** eine stufenübergreifende Form geschaffen worden (Zweck: z. B. geschäftsstättenbezogene Vergleichsrechnung von Artikeln und Warengruppen). Die Datenerfassung erfolgt bis hierhin von der Zentrale; sie hat somit die potentielle Informationsversorgung in der Hand. Dies ändert sich mit der Einführung von **vollintegrierten Systemen**. Notwendig dazu ist der Einsatz eines dezentralen CWWS in den Geschäftsstätten, das nicht nur Bestelldaten, sondern auch Abverkaufsdaten der Geschäftsstätten erfaßt. Damit ist eine genaue Auskunft über Lagerbestände möglich. Prognosen und Inventuren der Handelszentrale, die den bestehenden Vorrat an Waren in den Geschäftsstätten ermitteln sollen, werden überflüssig.[32]

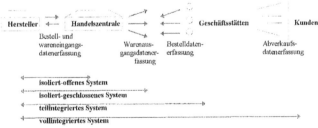

Abb. 13: Entwicklungsformen der CWWS; Quelle: eigene Darstellung

---

[32] Vgl. dazu Abbildung 13.

Folgende Aufgaben sollen sie nach Hertel (1992, S. 18) erfüllen:

- artikelgenaue Wareneingangserfassung
- artikelgenaue Warenausgangserfassung
- artikelgenaue Bestandsführung
- Disposition
- Inventur
- Sonderabwicklungen wie Bruch, Verderb, Reklamationen, Leergut
- Kassenabwicklung
- Rechnungs(vor)-prüfung
- Abrechnungssysteme
- Kundeninformationssysteme
- Regaletikettenerstellung
- Regalplatzoptimierung
- Ressourcenplanung (Mitarbeitereinsatzplanung)

Trotz des bedeutenden Nutzungspotentials im Einkaufs-, Lager- und Logistikmanagement, für Controlling, Produktionssteuerung und für das Marketing, steckt die Einführung der CWWS noch in den Kinderschuhen. Nur wenige Unternehmen haben bereits vollintegrierte CWWS, da die Technologie noch nicht ausgereift ist, ebensowenig, wie den Handelsunternehmen das Kosten- Nutzenverhältnis klar ist. Trotzdem schließt Olbrich (1994)[33] aus einer Umfrage bei Lebensmittelhandelszentralen, daß großes Interesse an der Realisierung eines vollintegrierten Systems besteht, besonders auch bezüglich eines horizontalen Informationsaustausches zwischen Handelssystemen. Die Geschäftsstätten können durch die verbesserte Informationsversorgung standortspezifische Marktpotentiale besser nutzen, während die Systemzentrale durch die Automatisierung Standardisierungsvorteile genießt und dadurch 'Lean-Management' betreiben kann. Die zukünftige Entwicklung wird zeigen, wie sich daraufhin die Entscheidungsstruktur entwickelt, ob Geschäftsstätten autonom handeln werden oder Systemzentralen die Entscheidungsbefugnisse übernehmen. Ebenso nicht vorhersagbar ist die Entwicklung des Rollenverständnisses der Systemzentrale in bezug auf informationswirtschaftliche (Datenmodellierung, - auswertung, - analyse) und dispositive (Preisfestsetzung, Nachbestellungen) Funktionen. Olbrich (1994) zeigt vier Möglichkeiten auf: Entweder entwickelt sich die Systemzentrale in Richtung Servicestelle und übernimmt in informationswirtschaftlicher Hinsicht die Funktion eines Expertensystems, überläßt aber den Geschäftsstätten die Nutzung,[34] oder sie übernimmt die Rolle eines Katalysators, indem sie Beratungsleistungen anbietet, aber Datenpflege und - nutzung Aufgabe der Geschäftsstätten ist. Als dritte Variante könnte es zu einer Machtkonzentration auf seiten der Systemzentrale kommen, in dem sie nicht nur die informationswirtschaftlichen Funktionen vereinnahmt, sondern auch zentrale

---

[33] Zur detaillierten Analyse: Olbrich (1994), S. 125ff. oder Olbrich (1992) S. 165ff.
[34] Diese These vertreten auch Kirchner/Zentes (1984), S. 157: „Zentralen sind Dienstleister".

dispositive Funktionen ausübt. Eine eher unwahrscheinliche Möglichkeit besteht in der zentralen Ausübung dispositiver Funktionen ohne Expertenmacht. So besorgt sich die Zentrale entscheidungsspezifische Informationen durch dezentrale Satellitenkoordination.

Neben der informationstechnischen Integration innerhalb der Unternehmen wird immer mehr auch die Möglichkeit der Vernetzung mit wichtigen Transaktionspartnern und damit die externe Integration - oder auch zwischenbetriebliche Integration (ZBI) genannt - an Bedeutung gewinnen. Dabei ergibt sich eine organisationsübergreifende Informationsverarbeitung durch offene Warenwirtschaftssysteme mit standardisierten Schnittstellen (vgl. Hertel (1992, S.85)), die mehrfache manuelle Datenerfassung erübrigt. Die heutigen technischen Potentiale ermöglichen die Nutzung weiterer Rationalisierungsspielräume in bezug auf Banken und Kreditkarteninstituten, Lieferanten, Kunden und Marktforschungsinstituten. Auf der Basis von Olbrich (1994, S. 133 - 156), der sich eingehend mit dieser Thematik befaßt hat, sollen die einzelnen Integrationsrichtungen vorgestellt werden.

Banken und Kreditkarteninstitute bieten von sich aus zwei Formen der Unterstützung an: Cash-Management-Systeme (CMS) und Point-Of-Sale-Banking (POS). Die Nutzung von CMS ist ein Angebot an die Firmenkundschaft, zu jeder Zeit einen Überblick über ihre Finanzsituation mittels Daten wie Tagessalden, Soll- und Habenumsätze und Wertstellungen zu haben, mit dem Ziel, Unternehmen durch Serviceleistungen an die Kreditunternehmen zu binden.

POS - Banking ermöglicht hingegen für den Kunden im Einzelhandel einen bargeldlosen Kauf. Neben der traditionellen Kreditkarte gibt es die EC-Karte, die in Verbindung mit einer persönlichen Identifikationsnummer (PIN) ein immer beliebter werdendes Zahlungsmittel darstellt. Bei der Bezahlung wird über ein Online-System eine Autorisierungszentrale in Berlin angewählt, die die Aufgabe hat, die Gültigkeit der Karte mit der zugehörigen PIN, die der Kunde in eine dazu vorgesehene Tastatur eingibt, für den bestimmten Kauf zu überprüfen und übernimmt den Buchungsvorgang mit dem Kreditinstitut des Kunden. Dieses wiederum übernimmt die Abwicklung mit dem Handelsunternehmen und dem Kunden.

Die EC-Karte kann außerdem noch zur Erstellung einer Einzugsermächtigung genutzt werden. Dabei wird am POS die Kontonummer und die Bankleitzahl des Kunden durch die Karte erfaßt. Ein so erstellter Lastschrift-Auftragsbeleg wird vom Kunden unterzeichnet: das Handelsunternehmen kann daraufhin den Rechnungsbetrag von dem Bankkonto des Kunden abbuchen.

Auch die Lieferanten sollen in eine reibungslose Datenkommunikation einbezogen werden. Bedarfsorientierte Warenlieferungen reduzieren Lagerbestände und verringern gebundenes Kapital. Um dies zu ermöglichen sind standardisierte Nachrichtenverbindungen notwendig. Die Centrale für Coorganisation (CCG) wurde gegründet, um Normierungsanstrengungen durchzusetzen, „die der Rationalisierung des Daten- und Warenverkehrs und der Organisationsabläufe zwischen Herstellern und Handel dienen..." (Gesellschaftsvertrag der CCG, 1974, in: Olbrich (1994)). Durch die Einführung des SEDAS-Daten-Service[35] (SDS) ist ein elektronischer Bestell- und Rechnungsdatenaustausch zwischen Industrie und Handel länderübergreifend möglich geworden. Grundlage dafür ist das (mittlerweile) internationale Artikelnummerierungssystem EAN, mit dem Artikel identifiziert werden können. So hat sich aus der ursprünglichen Warenkennzeichnung, die der Informationsweitergabe diente - in dem verkürzte Beschreibungen von Qualitäts- und Sicherheitsmerkmalen unternehmensindividuell an das Produkt angebracht wurden - eine einheitliche Systematisierung entwickelt, die eine Identifikation der Ware auf Preislisten, Rechnungen und Lieferscheinen ermöglicht. Die EAN besteht aus drei Bausteinen: den Länderkennzeichen (2 Stellen), der Betriebsnummer (5 Stellen) und der Zählnummer des Artikels (5 Stellen). Zusätzlich wird noch eine Prüfziffer angehängt, die durch einen festgelegten Überprüfungsalgorithmus die Fehleingabe von Betriebsnummern verhindert. Damit wird ein Artikel im Datenträgeraustausch identifiziert und mit Scannern an Datenkassen automatisch eingelesen. Ein Strichcode setzt die Zahlen um, damit sie für den Scanner lesbar werden.[36]

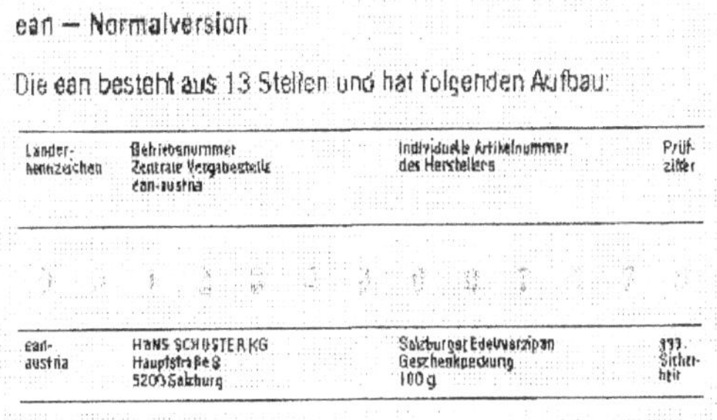

ean – Normalversion

Die ean besteht aus 13 Stellen und hat folgenden Aufbau:

Länder-kennzeichen	Betriebsnummer Zentrale Vergabestelle ean-austria	Individuelle Artikelnummer des Herstellers	Prüf-ziffer
ean-austria	HANS SCHUSTER KG Hauptstraße 8 5200 Salzburg	Salzburger Edelvarzipan Geschenkpackung 100 g	333 Sithet-heit

Abb. 14: Die EAN-Normalversion, Quelle: Schiebel (1987), S. 218.

-

[35] SEDAS = Standardregelungen einheitlicher Datenaustauschsysteme.
[36] Vgl. Schiebel (1987) S. 20 - 53, siehe in diesem Zusammenhang auch die Abbildungen 14 und 15.

Abb. 15: Der EAN-Strichcode, Quelle: Schiebel (1987), S. 228

Mit einem elektronischen Mailbox-System werden durch Datenfernübertragung (DFÜ) und mit Hilfe eines Datenkonzentrators Datenbündel versendet. Als Zwischenziel schaltet sich dabei der SDS ein. Da die Marktpartner unterschiedliche interne Datenformate haben, sind Konvertierungsprogramme notwendig, um einen Datenaustausch zu ermöglichen. Mit Hilfe des SDS braucht nur ein einziges Konvertierungsprogramm pro Unternehmen eingesetzt werden, das eine Übertragung in ein einheitliches Datenformat vornimmt bzw. nach SEDAS-Vereinbarung speichert (vgl. Becker (1994)). Der SDS trennt sie empfängergerichtet und sendet sie dann an den Zielort (multilateraler Datenaustausch).[37]

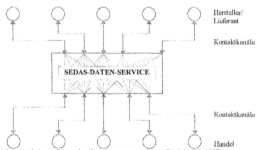

Hersteller/ Lieferant

Kontaktkanäle

SEDAS-DATEN-SERVICE

Kontaktkanäle

Handel

Abb. 16: Informationskanäle im multilateralen Datenträgeraustausch, Quelle: Schiebel (1987)

Das Madakom[38]-Scanningpanel entstand durch die Notwendigkeit, daß der Handel eine Gegenleistung für die EAN-Codierung von der Industrie bieten mußte. Durch Scanning erfaßte Abverkaufsdaten im Einzelhandel werden dabei für Auswertungszwecke der Industrie und auch anderen Handelssystemen gegen eine Gebühr von einem CCG-Datenpool zur Verfügung gestellt. Es sind Rohdaten und Auswertungen erhältlich.

Ein weiteres Angebot der CCG ist das noch im Aufbau befindliche zentrale Stammdatenpool SINFOS[39]. Stammdaten (wie Artikelnummer, Bezeichnung, Abmessungen, Gewichte) werden hier von Industrie- und Handelsunternehmen ausge-

---

[37] Näheres dazu in Schiebel (1987), S. 315 - 391, siehe auch die Abbildung 16.
[38] Madakom = Marktdatenkommunikation.
[39] SINFOS = SEDAS-Informationssatz.

tauscht. Somit ist die Stammdatenanlage für Einzelhändler erheblich einfacher geworden und fördert die Einführung der dezentralen CWWS und das spätere scannen. Je höher die Teilnahmequote der Lieferanten, desto höher ist der Nutzen für die Einzelhändler und Handelszentralen, denn die mühsame Datenpflege wird vereinfacht.

Zuletzt erwähnt wird das Projekt EDIFACT[40]. Hier soll eine internationale, branchenunabhängige und sprachenneutrale Kommunikationsnorm entwickelt werden, die einen elektronischen Datenaustausch in Wirtschaft und Verwaltung ermöglicht. So wird europaweit eine Annäherung der nationalen Standards zur Bildung einer von der Internationalen Normungsorganisation (ISO) anerkannten Norm an einen internationalen Konsens versucht. Technologische Schnittstellen, Aufbau einheitlicher Subsets und die Öffnung der Telekommunikationsnetze stellen notwendige Voraussetzungen zur Realisierung dar.[41]

Die Standardisierung bedeutet nach Becker (1994) eine allgemeine Syntaxregelung, die Übertragungsdateien, Nachrichtengruppen, -segmente, Datenelemente und Werte unterscheidet und sie durch festgelegte Sonderzeichen trennt. So sind „die Rohdaten jeweils in 'Umschläge' gepackt" worden.[42]

Die beschriebenen Projekte zeigen die Bedeutung der externen Datenintegration (EDI) mit Lieferanten auf, aber auch, daß die Entwicklung noch längst nicht ausgereift ist. Olbrich (1994) spricht von „Kritische-Masse-Systemen", bei denen der Nutzen mit zunehmender Akzeptanz und dadurch steigender Verbreitung ab einem kritischen Punkt exponential ansteigt. Abhängig sei die Erreichung dieses Punktes von den Pilotnutzern, deren Aufgabe es ist, die Nutzeffekte beispielhaft vorzuführen. Durch die Normierungsarbeiten konnten Erfassungs- und Kontrolltätigkeiten reduziert werden, ebenso, wie der Zeitaufwand zur zwischenbetrieblichen Kommunikation erheblich abgenommen hat.

Die Integration mit Kunden zielt auf eine Informationsgewinnung ab. Durch die Ausgabe von Kundenidentifikationskarten (ID-Karten), mit denen kostenlos geparkt werden kann oder sogar am POS bargeldlose Zahlungs- und Kreditkartenfunktionen ausgeübt werden können, versucht das Handelsunternehmen das Kaufverhalten seiner Kunden zu erfassen und seine Marketingstrategien auf die gewonnenen Ergebnisse anzuwenden. Kundenwünsche befriedigen zu können bedeutet höhere Kundenbindung; Umsatzsteigerungen sind möglich. Außerdem sollen die erlösschmälernden Kreditkartenkäufe reduziert werden.

---

[40] EDIFACT = Electronic Data Interchange for Administration, Commerce and Transport.
[41] Vgl. Olbrich (1994).
[42] Siehe Becker (1994), S. 175. Die Abbildung 17 im Anhang verdeutlicht die obige Darstellung.

Die letzte Integrationsrichtung beschreibt die Entwicklung der Marktforschung. Zwei Informationsquellen werden mit neuen Informationstechnologien verarbeitet. Traditionelle Handelspanels, die mit Hilfe von Informationen aus dem Belieferungswesen der Handelszentrale an die Geschäftsstätten und manuellen Inventuren in Regal- und Lagerbeständen im Einzelhandel Absatzprognosen erstellen, werden im Zuge der Einführung dezentraler CWWS von Scanningpanels abgelöst, die ihre Informationen aus der automatisierten Abverkaufsdatenerfassung und computergestützten Weiterverarbeitung der Daten erhalten. Die zweite Informationsquelle, das traditionelle Konsumentenpanel, berichtet über die Warenkörbe der Konsumenten. In Erhebungsformularen werden Artikel detailliert mengen- und wertmäßig abgebildet. In Form von In-home-scanning soll die manuelle Datenerfassung revolutioniert werden. Unter der Integration wird aber nicht nur der neue Technikeinsatz verstanden, auch die gewonnenen Informationen werden nochmals in einer Zusammenführung ausgewertet. Durch die Integration der Handels- und Konsumentenpanels soll herausgefunden werden, wer einkauft, und was dabei nicht eingekauft wurde. Die Umsetzung bedeutet aber einen hohen Investitionseinsatz, Kosten- und Nutzenüberlegungen in bezug auf Aussagekraft dieser Panels sind zu überlegen![43]

Die hier dargestellten Integrationsaspekte innerhalb des Unternehmens und zwischen den Handelspartnern benötigen eine offene Warenwirtschaftssystemarchitektur, die durch standardisierte Schnittstellen eine Kommunikation der einzelnen Subsysteme miteinander sowie mit Banken, Lieferanten, Kunden und Marktforschungsinstituten ermöglicht.[44] So gehört zu der neuen Konzeption des Systems nach Hertel :

- ein rechnerunabhängiges Betriebssystem
- offene, rechnerunabhängige Software-Architekturen
- verteilte, standardisierte relationale Datenbanken
- genormte Stammdatensätze
- genormter Stammdatenaustausch zwischen Unternehmenseinheiten
- genormter Bewegungsdatenaustausch zwischen Unternehmenseinheiten.

---

[43] Das Thema der integrierten Warenwirtschaftssysteme wird auch in dem Artikel von Ahlert/Olbrich (1993) „Erfolgspotentiale im Marketing durch Computer Integrated Merchandising", in: HMD S. 27 - 45, behandelt.. Einen vollständigen Überblick über die zwischenbetriebliche Integration im Handelswesen findet man auch in dem Artikel von Hallier (1992), in: HMD, S. 108 - 116.

[44] Vgl. Hertel (1992), S. 85.

Abhängig von der Organisationsform des Handelssystems werden Funktionen auf die operativen Bereiche Filiale, Lager und Zentrale aufgeteilt. Hertel (1992, S. 87ff.) strebt das Ziel an, durch Verallgemeinerung die Abläufe in den verschiedenen Einheiten auf dieselbe Weise zu beschreiben und damit einfachere Strukturen zu bilden und Parallelitäten in den Abläufen herauszuarbeiten. Besonders betont er den Aspekt der logischen Gleichstellung der operativen Einheiten, durch die das Hierarchiedenken von dem Prozeßdenken abgelöst wird. Damit ist die Grundsystemkonzeption nicht so aufgebläht, die Komplexität verringert.

3.2 Prozeßanalyse

Im folgenden soll erläutert werden, welche Anforderungen an ein integriertes Warenwirtschaftssystem gestellt werden. Dazu ist eine detaillierte Darstellung einzelner Prozeßelemente notwendig.[45] Hauptaufgaben der Handelsunternehmen können grob mit Einkauf/Bestellwesen, Lagerverwaltung und Verkauf/Auftragsabwicklung bezeichnet werden, eine ergänzende Hauptfunktion stellt das Rechnungswesen/Controlling dar.

Prozesse können für die Warenbewegung gebildet werden (z.B.: Lieferung von Lager an Filiale oder Kunde), ebenso wie für den Informationsaustausch (z.B.: Austausch von statistischen Daten wie Abverkaufszahlen, Stammdaten oder betriebswirtschaftliche Ergebnisse der Filialen für die Zentralen). Dabei stellen sie vertikale Abläufe dar, wenn sie hierarchieübergreifend stattfinden - und gelten als horizontale Abläufe, wenn die Ebene nicht verlassen wird (z.B.: Umlieferungen).[46] Um eine redundanzfreie Bearbeitung des Beschaffungsvorganges zu ermöglichen, sind integrierte Datenstrukturen zu bilden. Eine Grunddatenverwaltung sollte bestehen. Darin enthalten müssen Stammdaten der Waren und Güter, der Lieferanten sowie des Rechnungswesens sein.[47] Weitere organisatorische Notwendigkeiten gegenüber Daten bestehen in der Aktualität, Wirklichkeitstreue und Verständlichkeit; außerdem soll eine Verknüpfung und eine Verdichtung möglich sein, ebenso wie die Datenhaltung effizient und kostengünstig sein muß. Inkompatibilitäten in allen Bereichen der heutigen Systemausstattung verhindern die Nutzung der Grunddaten zu Auswertungszwecken.

---

[45] Es soll hierbei nur ein intuitives Verständnis für einen Prozeßentwurf angestrebt werden, die Handelsunternehmensorgansiation ist so variabel, daß auch die Prozesse sehr verschieden dargestellt werden, weil sie sich grundlegend nach dem Objekt Ware richten und daher organisatorische und informatorische Anforderungen je nach Handelssystem stark voneinander abweichen.
[46] Vgl. Hertel (1992), S. 99ff.
[47] Vgl. Scheer (1995) S. 411ff.

Becker (1994, S. 160ff.) spricht sich deshalb für ein unternehmensweites Datenmodell aus, um eine integrierte Datenbasis zu schaffen, die einen Zugriff und eine Verknüpfung von Informationen aus unterschiedlichen Funktionalbereichen ermöglicht und damit Artikel, Lieferanten, Kunden, Lagerorte usw. miteinander in Beziehung bringt. In drei Schritten soll das Modell gebildet werden. Nachdem die Unternehmenswelt mit Hilfe des Entity-Relationship-Modell (ERM) beschrieben wurde, soll es in ein Datenbankmodell[48] überführt werden. Daraufhin wird mit einer geeigneten Datenbanksprache die Kommunikation mit der Datenbank ermöglicht (in der Regel verwendet man SQL).

Die Modellierung soll so gestaltet sein, daß flexible Abfragen darstellbar sind. Dies beinhaltet die Führung von Stücklisten, damit die Zusammenfassung von verschiedenen Einzelprodukten als Sets ebenso möglich ist, wie die Einzelbetrachtung. Eine weitere Schwierigkeit muß beachtet werden, die durch die mehrfache Kennzeichnung von Artikeln auftritt: So hat meist der Lieferant andere Größendefinitionen als der Einzelhändler. In der Informationsverarbeitung muß deshalb dieser Unterschied entsprechend berücksichtigt werden und wie oben durch Stücklisten aufgelöst werden.

Die Bestellauslösung des Einkaufs[49] ist abhängig von Lagerbestand und Lagerverbrauch. Erst wenn ein gewisser Mindestbestand unterschritten wird, werden neue Waren bestellt. Vor dem Mindestbestand kann ein Meldebestand vorgelagert sein, der angibt, wann eine Bestellung erforderlich ist. Dies ist feststellbar, wenn das System eine Bedarfsermittlung durchführen kann.

Ausgangspunkt ist die Lagerabgangsprognose. Zur Vorhersage der Lagerleerung bzw. des Abverkaufs gibt es eine Vielzahl an Methoden, die sich auf Vergangenheitsdaten, statistische Grundlagen oder anderen Einflußfaktoren wie zum Beispiel Marktanalysen stützen.[50] Der Handel verwendet Auftragsdaten (zukunftsgerichtet) oder Verkaufsdaten (vergangenheitsbezogen) aus seinen Filialen. Im Zuge der Integration werden Prognosen der Zentrale nicht mehr nötig sein; durch die Kenntnis der Abverkaufsdaten in den Geschäftsstätten ist ein Rückschluß auf die voraussichtliche Lagerleerung möglich.

---

[48] Z.B. hierarchisch, netzwerkartig, relational oder objektorientiert. Von Becker empfohlen: das relationale Datenbankmodell (zweidimensionale Tabellen).
[49] Es wird dabei nicht darauf eingegangen, welche Produkte durch Beschaffungsmarktforschung überhaupt in das Sortiment des Handelsunternehmen aufgenommen werden, dies ist in Schiffel (1984) nachzulesen; hier geht es lediglich um die Darstellung eines Bestellablaufs (meist Aufgabe der Zentrale). Vgl. mit Mertens S. 77 - 110.
[50] Z.B. Zeitreihenprognosen (exponentielle Glättung), Box-Jenkins-Verfahren usw.

Darauf aufbauend wird die Bestellgrenze und der Bestelltermin ermittelt, die angeben, wann der Lagerbestand wieder aufgefüllt werden muß. Mertens (1995, S. 82) geht auf die (s,Q)-Politik[51] ein, in der ein Sicherheitsbestand oder -zeitraum in Abhängigkeit der Wiederbeschaffungszeit, Lieferfrist und dem durchschnittlichen Verbrauch errechnet wird. Das System prüft nach jedem Lagerabgang die Bestände und veranlaßt gegebenenfalls eine Bestellung. Bullinger, u. a. (1990) beschreibt zwei Verfahren, die den Benutzer bei einer Bestellung unterstützen. Nach dem Bestellpunktverfahren wird durch Erreichen einer festgelegten Bestandsmarke eine Nachricht an den Anwender gegeben, in dem auch ein Bestellvorschlag enthalten sein kann. In einem mit dem Lieferanten vernetzten System kann auch eine automatische Bestellung erfolgen, um dem „Just-in-time"-Prinzip[52] gerecht zu werden.

Nach dem Bestellrhythmusverfahren wird eine Bestellung immer nach einem bestimmten Zeitintervall ausgelöst, wenn bis dahin eine fixierte Marke erreicht wurde. Ist dies nicht der Fall, erfolgt eine Order mit zeitlich vereinbarter Verzögerung. Die Bestellmenge ist dabei abhängig von dem Lagerbestand zum Bestellzeitpunkt. Bei außergewöhnlichen Bedarfsschwankungen sollen Eilbestellungen ermöglicht werden.

Müssen Waren bereits früher zur Verfügung stehen, als üblich, ist eine Umdisposition notwendig. Sie wird durchgeführt, wenn der Sicherheitsbestand über eine angegebene Toleranzgrenze hinaus verbraucht wird.

Die Menge oder das Los einer Bestellung wird aus den gegenläufig wirkenden Lagerkosten und bestellfixen Kosten durch eine im System integrierte Optimierungsrechnung[53] durchgeführt. Dies erfordert eine fundierte Datenbasis, die nur durch Integration der innerbetrieblichen Bereiche möglich ist. Der optimale Bestellzeitpunkt ergibt sich aus der Minimierung von Bestell- und Kapitalbindungskosten.[54]

Zur computergestützen Lieferantenbeurteilung und -auswahl ist eine unfangreiche, aktuelle Datenbasis nötig, die Angebote und deren Fälligkeit beinhaltet. Sind Artikel nicht lieferbar, schlägt das System einen Substitutionsartikel vor. Dazu werden sie im Artikelstammsatz gespeichert. Außerdem sollte in der Datenbasis die Lieferbereitschaft enthalten sein, (in bestimmter Zeit lieferbare Ware in bezug zu der Gesamtzahl bestellter Ware) mit Berücksichtigung von Teillieferungen, Preisvorschlä-

-

---

[51] s = Bestellgrenze, Q = bestellte Menge eines Gutes.
[52] Also Lieferung eines Produktes genau zum Zeitpunkt des Bedarfs.
[53] Die bekannteste Losgrößenformel stammt von Harris und Andler; eine detaillierte Analyse findet man in Hertel (1992).
[54] Vgl. Bullinger, u. a. (1990).

ge mit Mengenrabatten, Boni, Skonti usw., Termintreue[55], Qualität und Flexibilität. Qualitätsdaten stammen aus der Wareneingangsprüfung und beinhalten beispielsweise die Anzahl an Kundenreklamationen bezüglich bestimmter Produkte. Zusätzlich berücksichtigen sollte das System, inwieweit ein Lieferantenkredit bereits ausgeschöpft ist; eine Meldung verhindert das Problem einer 'unsicheren Lieferung'. Weitere Kriterien sind die Artikelauszeichnung, Lieferfrist und die Stammdatenlistung über Datenträgeraustausch (SINFOS).

Die Unterstützung der Lieferantenauswahl kann von einem Expertensystem erfolgen, in der Regel wird aber nur eine umfangreiche Informationsquelle angeboten und der Auswahlprozeß erfolgt manuell durch den Anwender. Mit Auswahl, Listung und Pflege der Lieferanten umschreibt Hertel (1992, S. 120 - 123) die Lieferantenverwaltung. Bei der Auswahl geht es dabei nicht nur um das übliche anlegen, anzeigen, ändern und löschen; ausgewählt wird in Abhängigkeit des Sortimentszusammenhangs des Einkäufers, der Einkaufskonditionen, sowie unter Berücksichtigung der optimalen Lieferantenzusammensetzung bezogen auf ganze Sortimentsbereiche, Umsatzprognosen, Logistikkosten, -wege, Lieferbereitschaft, -zeiten, Termineinhaltung usw.

Nachdem die Vorbereitungen zu einer Bestellung in der Bestelldisposition Anfragen und Empfehlungen hervorgebracht haben, werden diese in der Bestelladministration direkt an die Lieferanten mittels Fax oder als EDIFACT-Nachricht versendet. Wird dabei die Empfehlung durch das System in der Regel angenommen, erfolgt die Bestellung automatisch; bei häufiger Änderung muß der Sachbearbeiter die Order mit eigenen Bestelldaten vervollständigen. Werden mehrere Bestellungen an denselben Lieferanten erstellt, sollten sie automatisch zusammengefaßt werden. Damit Unternehmen ihre Informationen überhaupt austauschen können, werden im Zuge der zwischenbetrieblichen Integration[56] mit Hilfe standardisierter Schnittstellen und genormter Formulare Verwaltungsvorgänge (zwischen Kunden und Lieferanten bzw. zwischen Zentrale und Lagerstätten) aufeinander abgestimmt.[57]

Für den internationalen Handel ist ein Modul der Zollabwicklung hilfreich, welches landesspezifische Zollvorschriften in Tabellenform abbildet und damit Anmeldun-

---

[55] Durch Aggregation der Über- und Unterlieferzeitpunkte wird vertraglich festgelegter und tatsächlicher Lieferzeitpunkt miteinander verglichen.
[56] Dies wurde bereits vorher behandelt.
[57] Mertens (1995 S. 102) beschreibt als Beispiel das Quick-Response-Konzept der Textilindustrie, in dem Einzelhändler ihre Abverkaufsdaten dem Zulieferer täglich mitteilen. Dadurch kann die Nachfrage nach Modellen, Stoffarten und Größen geschätzt werden und frühzeitig für 'Nachschub' gesorgt werden.

gen beim Zollamt, Zollpapiereerstellung und Meldungen an das statistische Bundesamt unterstützt.

Mit der Lieferüberwachung wird gewährleistet, daß dringend benötigte Waren termingerecht eintreffen; Lieferanten werden an Fristen erinnert und der Anwender erhält über Bestellmahnlisten eine Auflistung über die noch austehenden Waren (beispielsweise mit dem Status 'offen', 'unterwegs', 'abholbereit'; vgl. Bullinger u. a.).

Trifft die Ware nun im Unternehmen - im Lager oder in den Geschäftsstätten - ein, wird eine Auftragseingangsbestätigung erstellt und eine artikelgenaue Wareneingangsprüfung durchgeführt. Kriterien sind bei letzterem die Termintreue, gelieferte Mengen (und die Abweichung zur bestellten Menge), Qualitätskontrolle und Stammdaten wie Liefereinheiten, Gewicht, Größe, EAN, Preise usw. Die Lieferung kann von Lieferanten, anderen Filialen bzw. operativen Einheiten, in Form von Retouren von Endverbrauchern, oder Retouren von Filialen oder Umlieferungen von operativen Einheiten stammen. Da Wareneingangsdaten auch für andere Funktionen eingesetzt werden können, müssen Schnittstellen bestehen, die einen Datentransfer ermöglichen. So muß die Buchhaltung, die Lieferantenauswahl und andere Anwendungsbereiche Zugriffsmöglichkeiten besitzen. Ist eine Fehllieferung außerhalb eines Toleranzbereiches, wird sie der Bestellung nicht zugeordnet, sondern gleich zurückgeschickt. Die Wareneingangsdaten und der Verkaufspreis sind die Basisinformationen von Etiketten, die gedruckt werden und an die Produkte angebracht werden müssen. Abhängig von der Informationstiefe, mit der die Etiketten ausgestattet sind, ist die Qualität der Auswertungen der Abverkaufsdaten und damit verbundene Kennzahlenbildung, die wiederum Grundlage der Marketinganalysen darstellt, da die Daten im Scannverfahren erfaßt werden.

Im Lagerwesen werden die Daten des Wareneinganges vollständig übernommen. Hertel (1992, S. 201ff.) unterscheidet im Lager den Wareneingangsbereich, die Lagermoduln selbst, wie Palettenlager, gekühlte Frischelager, Kleinteilelager, Blocklager, Rollenlager, automatische Hochregallager usw. (dabei wird häufg sortimentsbereichsabhängig gelagert); Kommissionierzonen und den Warenausgangsbereich. Filialen haben nur einen Warenpuffer, Verkaufsflächen und die Kassenzone. Die Verwaltung umfaßt dabei folgende Bereiche: Bestandsführung, Einlagerung, Auslagerung, Umlagerung, Inventur, Lagerplatzverwaltung und die Präsentation der Ware im Verkaufsraum. Da neben einer mengenmäßigen auch eine wertmäßige Erfassung notwendig ist, wird eine Materialbewertung [58] durchgeführt. Die Lagerbestandsführung schreibt diese Daten fort, wobei eine Einteilung nach Artikeln, Artikelgruppen oder Sortimentsgruppen stattfindet. Warenbewegungen zwischen Lägern, innerhalb oder aus dem Lager hinaus, werden laufend erfaßt, und Bewegungsprotokolle erstellt, die artikel-, mengen-, und zeitbezogene Informationen sowie Verwendungszwecke, Herkunfts- und Auslieferungsort festhält.

Um eine Kontrolle über die elektronisch geführten Bestände zu haben, werden Inventuren durchgeführt. Sie können von dem Sachbearbeiter veranlaßt oder vom System durch den Eintritt inkonsistenter oder unüblicher Zustände ausgelöst werden (zum Beispiel Buchbestände unter Null). Anhand von sytemeigenen Inventurlisten werden Differenzen, die zumeist auf Ausschuß und Lagerschwund oder Erfassungsfehler zurückzuführen sind, in einer Soll-Ist-Auswertung dem System wieder zugeführt. [59]

Je größer die Lagerverwaltung, desto stärker ist die Präsenz von Steuerrechnern für Hochregallager, Förderanlagen und fahrerlosen Transportsystemen. Lagerplätze sind zu verwalten, wobei das System auch mehrere Lagerorte pro Artikel annehmen können soll und auf eine Abfrage hin der Lagerplatz ermittelt werden kann. Die Lagerordnung kann dabei festgelegt sein - das heißt jeder Artikel bekommt immer denselben Lagerort - oder er kann frei zugewiesen werden, wobei auch eine sogenannte chaotische Lagerung mit Teilbesetzung anderer Artikel möglich ist. Dabei ist eine ständige Aktualisierung notwendig. Lagerauswertungen werden dann möglich, die nach Artikeln, Artikelgruppen oder Sortimentsgruppen kategorisiert werden. So werden Lagerdauer, Umschlagshäufigkeit, Lagerkosten und Raumverbrauch ermittelt, die Lagerführung bezüglich Lagerräumen und Transportwegen optimiert.

Das Warenausgangsmodul umfaßt nach Hertel (1992, S. 207ff.) die Kommissionierung, die Erfassung des Warenausganges, die Bestandsveränderung und die Rechnungsstellung an den Abnehmer. Ein Kommissionierer [60] sammelt die bestellte Ware zusammen, damit sie ausgeliefert werden kann. Dies muß optimal geplant werden, damit Aufträge schnell bearbeitet werden und der Personaleinsatz effizient erfolgt. [61] So kann die Kommissionierung sich nach Artikeln, Abnehmern oder dem

---

[58] Aus bilanz- oder steuerrechtlichen Gründen zu externen Preisen, Bestellpreisen, Verrechnungspreisen, Durchschnittspreisen, Einkaufs-, Verkaufs-, Tagespreisen, Fifo-/Lifo-/Hifobewertung bei Berücksichtigung der Verbrauchsfolge je nach Warenart.
[59] Vgl. Bullinger, u. a. (1990).
[60] Dies ist in den Filialen des Einzelhandels der Kunde selbst.
[61] Als Kriterien nennt Hertel dabei Lieferrhythmus, Liefertage, Kommissioniertage, Fuhrparktouren, Abnehmer, Einzelbestellungen, Eilaufträge, Artikelgruppen, Lagermodule, Lagertechnik, operative Einheiten.

Lagerplatz richten. Die Planung der Kommissionierung erfolgt umso aufwendiger, je größer die Geschäftsstätte des Handelsunternehmens ist. In Warenkaufhäusern oder im Großhandel nimmt die Lagerhaltung eine größere Bedeutung ein, als in kleinen Abverkaufsstätten, deren Lagerumschlag bedeutend geringer ist, und bei denen die Automatisierung noch nicht so fortgeschritten ist.[62]

Der Warenausgang im Lager wird bei EDV-Unterstützung ebenfalls automatisch abgewickelt. In den Verkaufsstätten wird die Ware durch Scanning und Kassenprogramme erfaßt. Die durch den Abverkauf entstandene Bestandsveränderung soll direkt in das System eingehen, um eine aktuelle Bestandsführung zu gewährleisten; so wird der Artikel bei der Kassenabwicklung sofort verbucht. Ebenso soll die Rechnungsschreibung auf allen Ebenen möglich sein, sodaß auch am Warenausgang des Großhandels das Abrechnungssystem erreichbar ist.[63]

Oberstes Unternehmensziel im Handel ist die Kundenorientierung. Dies wird besonders im Verkauf deutlich. So sind gerade die Aufgaben wie Sortimentsgestaltung, Regaloptimierung, Verkaufspreiskalkulation oder Sonderaktionen auf die Kundenbefriedigung ausgerichtet.

Durch die artikelgenaue Abverkaufsdatenerfassung können betriebswirtschaftliche Kennzahlen gebildet werden, die den Lagerbestand bestimmen, eine artikelgenaue Deckungsbeitragsrechnung bieten und eine Liste von „Rennern und Pennern" zeigen. Damit ist eine Unterstützung zur Sortimentsgestaltung gegeben, bei der Breite, Tiefe, und Umfang festgelegt wird. Der Kassenbon gilt als „Stimmzettel des Kunden" (Hertel 1992, S. 161), und läßt damit eine Warenkorbanalyse zu.

Indem der Rohertrag berechnet werden kann, ist die Kalkulation über die Kostentragfähigkeit und Kostendeckung möglich, was Potentiale für die Sonderangebotspolitik schafft. Der Verkaufspreis lässt sich besser einschätzen, da eine Preiselastizität ermittelt werden kann, indem auch Informationen über Konkurrenten miteinbezogen werden.

Die Personaleinsatzplanung in den Bereichen Lager, Bedienung und Kasse wird unterstützt, ebenso wie eine Regaloptimierung möglich ist. Hertel (1992, S. 154) erwähnt zur Regaloptimierung ein Softwareprogramm, welches in Abhängigkeit von Daten wie

- Zeit zwischen Nachbestellung und Wareneingang
- Höhe und Verlauf (Schwankung) der Kundennachfrage
- Verpackungseinheiten und Mindestbestellmengen
- verfügbare Regalfläche

---

[62] Vgl. mit Hertel (1992) auch für die folgenden Abschnitte.
[63] Siehe Hertel (1992), S. 212.

- Verpackungsart, Größe, Stapelhöhe
- Handling-, Lager-, Flächen- und Energiekosten
- Verkaufs- und Einstandspreise
- Auswirkungen der verkaufsflächeninternen Standorte auf den Absatz

eine ergebnisverbessernde Artikelauswahl und optimale Regalanordnung anbietet, den zur Verfügung stehenden Platz auf Artikel optimal aufteilt und Auswirkungen einer Verkaufsflächenausdehnung abschätzt.

Diese Aufgaben, die Hertel in den Bereich des Verkaufs eingliedert, behandelt Burg (1994, S. 244) als Funktions- und Einsatzfaktorencontrolling. Demnach sind Sortimente, Regale, Lagerbestände, Vertriebswege zu optimieren und zu kontrollieren. Als Werkzeug dienen Kennzahlen[64], die aus der artikelgenauen Datenbank selektiert und in einem Statistiksubsystem erarbeitet werden können.

Die Wareneingangs- und Ausgangsdaten werden automatisch an das Buchhaltungssystem weitergeleitet, das eine lückenlose Aufzeichnung der Geschäftsvorfälle bieten muß. Das Programm gehört nicht zum WWS, sondern wird durch eine Schnittstelle mit den erforderlichen Daten gespeist. Wird die Buchhaltung gar nicht intern erstellt, muß eine Übertragung zu einer entsprechenden Steuerberaterorganisation ermöglicht werden. Eine Debitorenbuchhaltung beinhaltet die noch ausstehenden Posten von Schuldnern, die die Zahlungsfrist ausnutzen, die dem Unternehmen Gutschriften erteilt haben oder die beim Zahlungsvorgang fehlerhafte Abrechnungen vorgenommen haben. Die Kreditorenbuchhaltung dient zur Berücksichtigung des fälligen Zahlungstermins, dem Skonto und der Zahlungsart (z.B. Überweisung, Scheck), wobei die eigene Finanz- und Liquiditätslage eine Rolle spielt.

Eine Kostenrechnung nach Vorkalkulations-[65] oder Nachkalkulationsmethode[66], die die entstandenen Kosten auf die Erstellung der Leistung anrechnet, kann auf die Daten der Buchhaltung zugreifen.[67]

Controlling wird nach Burg (1994) allgemein mit Planung, Steuerung, Berichtswesen und Kontrolle umschrieben. Durch eine Untersuchung der Controllingpraxis in Handelsunternehmen nimmt sie eine Einteilung in strategisches, operatives und Funktions-/ Einsatz-Controlling vor. Dabei beinhaltet das strategische Controlling

---

[64] Dabei zählt sie folgende Kennzahlen auf: Durchschnittslagerbestand, Durchschnittslagerkosten, Lagerumschlagsgeschwindigkeit, Lieferkosten pro Vertriebsweg, Lieferkosten pro Warengruppe, Umsatz pro Quadratmeter Verkaufsfläche, Umsatz pro Artikelgruppe, direkte Produktrentabilität pro Artikelgruppe, Umsatz pro Aktion, Umsatz pro Verkäufer, Fehltage pro Verkäufer, Umsatz pro Abteilung, Deckungsbeitrag pro Abteilung, Überstunden pro Gesamtarbeitszeit.
[65] Artikelspezifische Berechnung: Einkaufspreis + Lager- + Vertriebs- + Verwaltungskosten.
[66] Beruht auf Ist-Werten und nicht auf Schätzwerten.
[67] Vgl. zu den letzten beiden Abschnitten Bullinger, u. a. (1990).

neben der langfristigen Investitionsrechnung auch eine Koordination von Ziel-, Strategie- und Maßnahmenplanung, die auf die langfristige Unternehmenssicherung ausgerichtet ist. Das operative Controlling steuert und überwacht den täglichen Geschäftsablauf und dessen kurzfristige Ziele, und übernimmt dabei die Informationsversorgung.[68]

	strategisches Controlling		operatives Controlling
Strategische Informationsversorgung	° Zusammenstellung relevanter Informationen aus internen und externen Quellen: -Potential-, Markt-, Wettbewerbs-, Kundenanalysen - Stärken-/ Schwächenanalysen -Hochrechnung für Sortimente, Gefahrenpotentiale, Nutzenpotentiale, neue Geschäftsfelder	**Berichtswesen**	° Auf- und Ausbau des unternehmensweiten Informationswesens (On-line-Berichterstattung) ° Betreuung des Management-Informationssystem (MIS) Überprüfung, Verbesserung Ziel: Transparentmachen des Unternehmensgeschehens Hauptinformationsquelle: Warenwirtschaft, Finanzbuchhaltung, Personalabrechnungssystem, Kosten-/Leistungs-Rechnung Auswertungen: Lieferanten-, Lagerbestandsstatistiken, Renner- Penner- Listen, kurzfristige Erfolgsrechnung
Strategisches Planungsmanagement	° Planung terminieren, organisieren ° Unternehmensleitbild formulieren ° quantitative Zielvereinbarung -> Sortimente, Zielgruppen, Preislagen, Qualitäten, Vertriebsgebiete festlegen -> Kennzahlen bilden: Umsatzrendite, Cash Flow, ROI, Marktanteil, Marktwachstum, Personal-, Investitionskosten ° Volkswirtschaftliche Eckdaten wie erwartete Inflationsrate, Wachstumsrate, Preiskostenanstieg wegen Tarifabschlüssen, Budgetinformationen	**Operatives Planungsmanagement**	°Planung terminieren °einheitliche Techn1ken festlegen, an Filialleiter/Geschäftsführer weiterleiten ° nach Plausibilitätsprüfung Planungssitzungen einführen Schwerpunkte: Investitions-, Umsatz-, Rohgewinn-, Sach- und Personalkostenplanung
		Operative Kontrolle	° Planung auf Zielerreichung über alle Verdichtungsebenen überprüfen, Schwachstellen aufdecken (durch effizientes Berichtswesen möglich). Instrumentarium: kurzfristige Erfolgsrechnung Kennzahlen: Umsatz, Rohertrag, Rohgewinn, Kosten (Personal-, Raum-), Deckungsbeitrag, Personalleistung, Flächenleistung, Lagerleistung ° Vergleichsrechnungen: Plan-Ist-Vergleiche, Zeitvergleiche, Filial-, Artikelgruppenvergleiche
Strategische Kontrolle	° Planung auf Zielerreichung überprüfen		

Tab. 2: Das Controlling und seine Aufgaben, Quelle: eigene Darstellung, vgl. Burg (1994), S. 227 - 250.

Durch das Informationswesen (Managementinformationssystem, vergleiche nochmals mit Abb. 12, S. 21 (Subsysteme Warenwirtschaft)) wird der Kreislauf im Warenwirtschaftssystem geschlossen. Unter dem Kriterium der Ausschöpfung der Rationalisierungsmöglichkeiten werden die Massendaten nicht nur erfasst, gespeichert und verarbeitet, sondern auch so ausgewertet und aufbereitet, daß Informationen im optimalen Umfang dort zur Verfügung stehen, wo sie zur Entscheidungsfindung benötigt werden (vgl. Leismann, U. (1990), S. 21 - 22 oder Kirchner /Zentes (1984), S. 16).

Wie die Daten ausgewertet werden, beschreibt Fischer (1994, S. 253ff.) in seiner Untersuchung der „computergestützten Warenkorbanalyse als Informationsquelle des Handelsmanagement". Durch Scanning erfasste Rohdaten werden in einer artikelgenauen Datenbank (Tabellenform) abgelegt. Dabei werden in diesem Fall pro verkauften Artikel zwölf Variablen angesprochen: Datum, Kalenderwoche, Monat, Wochentag, Uhrzeit, EAN, Bontext, Warengruppennummer, Verkaufspreis, Verkaufsmenge, Umsatz und die Bonnummer - und damit zwölf Informationseinheiten

---

[68] Vgl. dazu die Tabelle 2.

eingelesen. Aus dieser Struktur können die Daten beliebig gruppiert, aggregiert oder manipuliert werden, je nachdem, welche Informationen daraus gewonnen werden sollen. Umsatzzahlen nach Käufergruppen oder Preisgruppen, Warenkörbe nach Einkaufszeitpunkt oder nach Warengruppen sortiert oder jede andere Selektion nach beliebigen Kriterien sind möglich, um herauszufinden, wann, was, wie der Kunde einkauft.

	Subsysteme	Aufgaben	anfallende Informationen
Wa-ren-	Antransport	Steuerung des Fuhrparks in bezug auf den Antransport	-Informationen über Art und Menge der Ware, Lieferant usw. - Leistungs- und Kapazitätsinformationen (Transportstrecken und -zeiten, Auslastung der Fahrzeuge usw.)
ein-gangs-	Tourenver-waltung	Optimieren der Fahrtstrecken und des Einsatzes der Fahrzeuge für den Antransport	Tourenplan
system	Warenan-nahme und -kontrolle	-Erfassung der Wareneingangsdaten - Abgleichung mit Lieferschein und Bestellung - Überprüfung des Zustandes der Ware - Abwicklung von Retouren	- Wareneingangsdaten (Art, Menge, Anlieferungsdatum), - Differenzen zu Lieferschein und Bestellung - Liefert[m]inüberschreitungen, - Frachtkosten, - Retouren
	Innerbe-trieblicher Transport	Steuerung des innerbetrieblichen Transports der Ware	- Informationen über Art u. Menge der transportlichen Ware - Leistungs- und Kapazitätsinformationen (Transportzeiten und -strecken, Auslastung der Fördersysteme usw.)
	Transport-planung	Optimierung der Förderwege und des Einsatzes der Förderzeuge	Transportplan
Lager-	Waren-manipula-tion	Steuerung der Manipulationsvorgänge	Informationen über Art u. Menge der eingesetzten und der erstellten Waren, - Leistungs und Kapazitätsinformationen
wirt-	Warenaus-zeichnung	Steuerung der Warenauszeichnung	- Informationen über Art u. Menge der ausgezeichneten Waren -Leistungs- und Kapazitätsinformationen
schaft	Lagerung und Umlagerung	- Steuerung der Einlagerung, Lagerung und Umlagerung - Durchführung der Inventur	- Informationen über Art und Anzahl der Einalgerungs-einheiten (z. Bsp.Paletten) - Informationen über freie Lagerplätze - Informationen über Häufigkeit und Art von Umlagerun-gen - Informationen über Inventurmengen, Werte und Verfalls-daten
	Lagerplatz-verwaltung u. Lagerbe-stands-führung	- Steuerung (u.U. Optimierung) der Lagerplatzvergabe - Verwaltung des Lagerbestandes nach Menge, Wert, Lagerdauer und Verfalls-daten	-Lagerplan - Informationen über Mengen, Preise, Lagerdauer und Verfallsdaten - Informationen über Lagerbelegung und Auslastung
	Kommissio-nierung	Steuerung der Kommissioniervorgänge	- Informationen über Art und Anzahl der Kommis-sioniereinheiten - Informationen über Fehlmengen - Leistungs- und Kapazitätsinformationen (Kommissionier-zeiten und -wege, Anzahl und Art der Kommissioniervor-gänge
	Kommissio-nierplanung	Optimierung der Kommissionierabläufe in bezug auf zurückzulegende Strecken und Zeit	Kommissionierplan
	Warenaus-gangskon-trolle	- Erfassung der Warenausgangsdaten - Abgleichung mit Lieferschein und Auftrag - Überprüfung des Zustandes der Ware - Abwicklung von Retouren	Warenausgangsdaten (Art, Menge, Verkaufspreis der Ware Konditionen) - Differenzen zu Lieferschein und Auftrag - Retouren

Wa- **ren-** **aus-** **gangs-** **system**	Auftragsbe- arbeitung	- Erfassung der Auftragsdaten - Auftragsbearbeitung (Verfügbarkeits- kontrolle der Ware, Kreditlimitüberprü- fung, Verkaufspreis- und Konditionen- ermittlung usw.) - Termingeschäftsbearbeitung - Lieferscheinschreibung - Verwaltung des Auftragsbestandes - Verwaltung des Auftragsrückstandes - Erstellung von Kommissionier- unterlagen - Führung von Kundendateien - Reklamationsbearbeitung, Gutschrif- ten/Stornos	- Informationen über den Auftragseingang und den Auf- tragsbestand (Auftragsart, - anzahl, -zusammensetzung, Geschäftsart) - Informationen über Auftragsrückstand, Fehlbestände - Informationen über gewährte Konditionen - Informationen über Reklamationen, Gutschriften/Stornos
	Verpackung	Steuerung der Verpackungsprozesse	-Informationen über Anzahl und Art der Verpackungsein- heiten - Leistungs- und Kapazitätsinformationen
	Versandab- wicklung bzw. Aus- lieferung	- Steuerung des Versandes bzw. - Steuerung des Fuhrparkes in bezug auf die Auslieferung	- Informationen über Versand- bzw. Auslieferungsdaten, Versandarten usw. - Leistungs- und Kapazitätsinformationen
	Tourenver- waltung	Optimierung der Fahrstrecken und des Einsatzes der Fahrzeuge für die Auslie- ferung	Tourenplan
Ein- **kaufs-** **system**	Angebots- verwaltung und Rech- nungskon- trolle	- Erfassung und Verwaltung von Ein- kaufspreisen und - konditionen sowie Mindestbestellmengen - Führung von Lieferantendateien - Konditionen- und Einkaufspreis- kontrollen	- Einkaufspreise und -Konditionen, Mindestbestellmengen - Informationen der Rechnungskontrolle
	Bestell- wesen	- Bestellschreibung - Verwaltung des Bestellbestandes und der Bestellrückstände - Liefertermimüberwachung	- Informationen über den Bestellbestand und den Bestell- rückstand - Informationen über Liefertemiinüberschreitungen
	Disposition	- Lagerbestandsüberwachung - Bestellauslösung - Bestellmengen- und Bestellzeitpunkte- ermittlung (u.U. durch Optimierungs- modelle) - Limitkontrolle - Entscheidungen über Einzel- oder Sammeldispositionen - Führung von Artikeldateien	- Informationen über Bestellmengen und- zeitpunkte - Informationen über Restlimits

Tab. 3: Aufzählung der Subsysteme und ihre Informationen, Quelle: Ebert (1986), S. 113

3.3 Die Rolle des Informationsmanagements

Durch die obige Darstellung ist deutlich geworden, was für ein umfangreiches Po-
tential an Informationen in den Prozessen verarbeitet werden muß. Ohne ein sinn-
volles Informationsmanagement, das vor dem Einsatz der Technik die Informationsbedürfnisse jeder Unternehmensebene untersucht, besteht geringe Aussicht auf
eine effiziente Nutzung der Informationstechnologie und der Durchsetzung einer
Prozeßbetrachtung in Geschäftsstätten. Deshalb soll hier dargestellt werden, in
welcher Form ein Einsatz an Informationsmanagement und auch Prozeßmanagement notwendig ist.

Ahlert/Olbrich (1994) beschreiben vier Einführungsphasen von dezentralen

CWWS. So wird zuerst eine Gruppe von Pilotbetrieben mit Systemen (vernetzt mit mehreren Kassen) versehen sowie die Stammdaten angelegt, um auf der Ebene der Geschäftsstätten die Unterstützung der Prozesse und Entscheidungsbereiche zu erreichen, was in Preispflege, Kassenabwicklung, Bestandsführung und Bestellwesen eine rationellere Verarbeitung beinhaltet. Das EDV-System wird auf seine technologische Reife hin überprüft und die isolierte Datenbasis bereits ausgewertet. In der zweiten Phase wird die Ausstattung weiterer Geschäftsstätten ausgedehnt, um ein Vielfaches an Rationalisierungspotentialen zu erlangen. Über Stichproben werden die Abverkaufsdaten der Betriebe miteinander verglichen und damit die Aussagekraft der Daten qualifizierter. Gerade in kooperierenden Handelssystemen wird die Wettbewerbsfähigkeit durch die Ausbreitung der Systeme verbessert und die Partner an die Zentrale gebunden. Das Marketing kann erste Analysen über die Vorteilhaftigkeit von Aktionen (Sonderangebote oder ähnliches) auf Geschäftsstättenebene und zentraler Ebene erstellen. Im nächsten Schritt soll der Einsatz dezentraler CWWS nochmals ausgeweitet werden, um eine Informationsgrundlage für „Einkaufs-, Lager- und Logistikmanagement" und deren Reorganisation zu bekommen. Olbrich (1992, S.100) nennt dies das Erreichen des „kritischen Ausstattungsgrades", der in jeder Phase erreicht werden soll, da die quantitativ gesteigerte Einführung des CWWS aussagefähigere Ergebnisse der Datenauswertungen bringt. Indem die Geschäftsstätten ihre Abverkaufsdaten regelmäßig an die Zentrale übermitteln, kann dort eine zusätzliche Bestandsführung bzw. -fortschreibung der Geschäftsstättenlager ermöglicht werden, wobei eine Verrechnung des zentralen Warenausganges mit den Verkaufsdaten nötig ist. Damit hat die Zentrale die Datengrundlage für ein Einkaufs-, Lager- und Logistikmanagement. In der vierten Phase ist die Integration der noch ausstehenden Geschäftsstätten vorgesehen. Ein einheitlicher Informationsprozeß verringert den Koordinationsaufwand für die Systemzentrale und dessen Management, weshalb die Informationsbasis der Geschäftsstätten und deren Auswertungen standardisiert wird.

Die Einführung der CWWS selbst ist ein Prozeß, der sich über mehrere Jahre erstreckt. Er muß zentral organisiert und koordiniert werden, um die Informationsbeziehungen zwischen Systemzentrale und Geschäftsstätten zu entwickeln und die angestrebte Datengrundlage hinsichtlich ihrer Nutzung zu bewerten. Der neue organisatorische Entwurf wird nach Olbrich von allgemeinen und besonderen Einflußfaktoren bestimmt.[69] So ist das Unternehmensziel und die daraus abgeleiteten

---

[69] Mörk (1992) unterscheidet zwischen internen und externen Erfolgsfaktoren dieser Systemeinführung. Im ersten Fall bestimmen allgemein: unternehmensübergreifende Konzepte, das Vertrauensverhältnis zu Partnerunternehmen sowie Unternehmensstrategien, bezüglich technischen Faktoren: der Automationsgrad und die Konstruktionskomponenten (wie Netz, Datenstruktur,

Gestaltungsabsichten neben der inneren und äußeren Betriebssituation und dem späteren Stellenwert der Informationstechnologie im Unternehmen grundsätzlich maßgeblich. Daraus wird die Aufgabe für das Informationsmanagement abgeleitet, die darin besteht, eine Informationsstrategie unter Berücksichtigung des möglichen Wandels der Funktionsverteilung und der Entscheidungsstruktur zu entwickeln. Alle späteren Anwender sind daran beteiligt, unabhängig davon, welche Zuständigkeiten und aufbauorganisatorischen Ergebnisse erzielt werden.

Die ursprünglichen Funktionen und deren Verteilung werden sich ändern, da der Leistungsprozeß sich an die Entscheidungsstruktur der neugebildeten Informationswirtschaft und dem geplanten Zentralisationsgrad anpasst.

Die notwendigen Aufgaben sind in untenstehender Tabelle aufgelistet:

Stufen	Stufenspezifische Aufgaben			Stufenübergreifende Aufgaben
1.Stufe	°Entwicklung des CWWS in Zusammenarbeit mit den späteren Nutzern °Lauftest und Anpassung des CWWS °Auswahl der Pilotbetriebe °Sicherstellung der Lauffähigkeit bis zur Nutzung als Hintergrundsystem moderner Kassentechnologien			° Erhebung des zentralen und dezentralen Informationsbedarfs ° Erstellung von Anforderungen hinsichtlich des Leistungsspektrums des CWWS
2.Stufe	°Auswahl der Vergleichsbetriebe ° Schaffung wechselseitiger Datenzugriffsmöglichkeiten von der /zur Systemzentrale °Sicherstellung der Lauffähigkeit bis zum wechselseitigen Datentransfer		°Bestimmung des Zentralisationsgrades der Dateninterpretation, Datenauswertung und Datenverwaltung	° Festlegung des Standardisierungsgrades und der Anpassungsmöglichkeiten der Software ° Organisationsentwicklung ° Aufbau und Koordination der Informationsbeziehungen zwischen Systemzentrale und Geschäftsstätten
3.Stufe	°Abschließende Festlegung des Integrationsgrades °Sicherstellung der Lauffähigkeit bis zur Nutzung der Daten für die zentralen Geschäftsprozesse	°Reorganisation und laufende Anpassung der Informationsprozesse für das Einkaufs-, Lager- und Logistikmanagement des Handelssystems	°Organisation der Dateninterpretation, Datenauswertung und Datenverwaltung °Durchführung der Dateninterpretation, Datenauswertung und Datenverwaltung	° Installation der CWWS ° Koordination der Nutzung der gewonnenen Abverkaufsinformationen ° Weiterentwicklung des CWWS/ Programmpflege
4.Stufe	°Realisation des zieladäquaten Ausstattungsgrades °Sicherstellung der Lauffähigkeit bis zur Nutzung der Daten für das Controlling im Handelssystem	°Reorganisation der Infoprozesse für das Controlling im Handelssystem		

Tab. 4: Aufgaben bei der Einführung dezentraler CWWS, Quelle: Ahlert/Olbrich (1994), S. 209.

Zwei Zuständigkeitsbereiche bilden sich bei der Einführung heraus. Zum einem jene, die die Ausprägung der Organisationsprozesse und die entsprechenden EDV-Systeme festlegen (sie übernehmen die Funktion der Koordination von Installation, Anwendung und Integration der Informationstechnologie in die bestehenden warenwirtschaftlichen Informationssysteme), und solche, die die Steuerungs- und Kontrollprozesse bestimmen (entspricht dem Controlling und besteht aus der Ko-

---

Hardware) und organisatorische Faktoren: wie die Struktur der Aufbau- und Ablauforganisation, die Informationssystemkonstruktion und -führung und die Gesamtkonzeption, das Gelingen der zwischenbetrieblichen Integration. Externe Erfolgsfaktoren sind Normen und Standards, rechtliche Rahmenbedingungen und Angebote der Telekommunikationseinrichtungen (z.Bsp. ISDN).

ordination der Integration der gewonnenen Datenbasis bzw. der organisatorischen Verbindung zwischen Datenerstellung und Trägern der Controllingaufgaben). Die beiden Bereiche sind voneinander abhängig und müssen deshalb gerade wegen ihres Umfanges koordiniert werden. Über die Entwicklungsphasen hinweg werden die technischen und organisatorischen Funktionen zugunsten der Kontroll- und Steuerungsfunktionen abnehmen; die Dauer des Einführungsprozesses ist in entscheidendem Maße von dem Gelingen der Koordination der Bereiche abhängig, da Entwickler und Anwender ihre Sicht auf Informationsfluß und Informationstechnik einander näherbringen müssen. Zuständig dafür können - sich in bestimmten Zeitabständen treffende - Projektgruppen sein, oder sogar eine institutionalisierte Koordinationsstelle eingerichtet werden, um das Informationsmanagement zu sichern. Dafür werden Zuständigkeiten gebildet, bei denen eventuell auch das Personal andere Aufgabenbereiche zugewiesen bekommt (z.B. Schulungen, Stammdatenerfassung usw.).

Nach einer ersten Variante wird eine neue Organisationseinheit eingerichtet, wenn auf Dauer weitere Informationstechnologien eingeführt werden und daher eine weitere Abstimmung notwendig ist. Im zweiten Fall kommt es zu einem „Zusammenführen" des Informationsmanagements mit der Controlling-Organisation, wobei die Abstimmung der Nutzung der Technologie und die Anwendung der Informationen zusammengelegt werden.

Die Reorganisation wird in der Sortimentsstruktur notwendig. Sie greift in die betriebsinternen Abläufe ein und verändert die Entscheidungsprozesse des Handelsmanagements. So muß die Artikelgruppen- und Warengruppenbildung mit der Systemzentrale vereinbart oder gar von ihr übernommen werden, damit eine reibungslose Stammdatenübernahme möglich wird, ebenso wie die Organisation der Abläufe mit der Struktur der Software abzustimmen ist.

Die Einzelhändler werden in die Nutzung der neuen Informationen durch die Abverkaufsdatenerfassung eingewiesen, damit die Nachrichten in ihren Entscheidungen berücksichtigt werden können.

Das Personal muß in die Einführung des CWWS mit einbezogen werden, damit sich keine Akzeptanzprobleme bilden. Hemmschwellen vor der neuen Technologie müssen gezielt durch Schulungen und Einweisungen abgebaut werden. Der Anwender soll das Leistungspotential der Systeme kennenlernen und beherrschen, um eine falsche Erwartungshaltung und Frustrationen zu verhindern.

Eine allgemeine Einweisung soll vermitteln, was hinter einem CWWS steckt, wozu es eingeführt wird und was für Konsequenzen daraus für das Personal und die gesamte Organisation entstehen. Ein Gesamtzusammenhang soll verdeutlicht werden. Es muß festgelegt werden, ob die Mitarbeiter eine generelle, bereichsübergreifende Schulung erhalten sollen, um flexibel einsetzbar zu sein, oder in spezielle Aufgabenbereiche individuell eingearbeitet werden, um Verantwortungsbereiche bilden zu können.

Bevor es überhaupt zu Schulungen beziehungsweise allgemein zur Systemimplementierung kommen kann, muß die Entscheidung getroffen werden, ob das System in eigener Regie erstellt oder ein am Markt erhältliches eingesetzt werden soll. Kosten- und Nutzenaspekte sind hier zu berücksichtigen; bezüglich des Fremdbezuges besteht das Problem der Abstimmung der Ziele von Einzelhändler und Systemanbieter, die meist durch Kommunikationsprobleme geprägt ist. (sogenannte Interface-Gaps)

In sechs Stufen soll das CWWS nun in die Geschäftsstätten implementiert werden. Zuerst wird die Absicht dargestellt, wozu ein CWWS eingesetzt wird. Entsprechende Vorkehrungen müssen ergriffen werden (z.B.: Festlegung einer Sortimentshierarchie, Zuordnung der Artikel zu Artikel- und Warengruppen[70]). Im folgenden werden die Stammdaten erfaßt oder von der Systemzentrale übernommen (mit Hilfe von Disketten oder DFÜ). In der dritten Stufe kommen die Kassen zum Einsatz. Der Informationsfluß zwischen Rechner und Kasse wird hergestellt und die Stammdaten in den „Price look up" - Speicher der Kasse geladen. Danach wird eine Stichtagsinventur durchgeführt und die Bestell-, Mindest- und Höchstbestände der einzelnen Artikel werden festgelegt. Daraufhin können in der fünften Stufe die Programmoduln Wareneingang, Disposition und Bestellwesen in Betrieb genommen werden. Zuletzt und in Zukunft ist die Aufgabe der Systempflege zu erfüllen, damit die Daten auf aktuellem Stand bleiben.

Nach einer Definition von Franz (1994, S. 231) ist strategisches Informationsmanagement (SIM) „die Summe aller Maßnahmen, die zur Beherrschung des Erfolgfaktors 'Information' erforderlich sind." Dies beinhaltet eine Zusammenarbeit aller Mitarbeiter von höchster Managementstufe bis hin zur untersten operativen Stufe. Die eingesetzte Informationstechnologie ist auf die Bedürfnisse der Unternehmen und Kunden ausgerichtet und die nach den Unternehmenszielen gerichteten Strukturen und Abläufe sind prozeßorientiert aufgebaut. Die Einführung des Informationsmanagement besteht aus mehreren Teilprojekten.[71] So wird der

---

[70] Siehe Ahlert/Olbrich (1994), S. 221ff.
[71] Franz beschreibt in diesem Zusammenhang die Erfahrungen und Ergebnisse der Durchführung eines Praxisbeispiels.

'Produktionsfaktor Information' als bedeutendster Input der Leistungserstellung gesehen und daraufhin ein Informationssystemmodell für alle und mit allen Fachbereichen erarbeitet. Eine Reorganisation erneuert die Strukturen der einzelnen Bereiche; die Denk- und Handlungsweise gemäß SIM soll geschult werden, so daß Mitarbeiter das Vorgesehene auch durchführen können. Eine Geschäftsprozeßoptimierungsmethode soll entwickelt werden, um erkennbare, zusammenführbare und vergleichbare Abläufe dem Redesign zu unterziehen. Außerdem ist mit einer strategischen Informationsplanung die Informationsverarbeitung in den Abteilungen zu planen (unter Berücksichtigung einer Qualitätssicherung).

Das Prozeßmanagement[72], das die sich stetig ändernden Abläufe anleitet und erneuert (KAIZEN) oder kurzfristige Innovationen einführt, ist abhängig von der Qualität der Informationsversorgung und -verarbeitung. Eine Ablaufsstrukturierung und deren Optimierung gelingt also nur, wenn die notwendigen Informationen rechtzeitig, vollständig am richtigen Ort sind. Damit hängt die aufgabengerechte Prozeßsteuerung eng zusammen, die ebenfalls qualitativ hochwertige Informationen erfordert. Schnittstellen können nur erkannt und definiert werden, wenn eine detaillierte Darstellung des Informationsflusses vorliegt. Ob es um die Ermittlung der Prozeßkosten geht, die die Gemeinkostenrechnung revolutionieren soll, oder um die Erkennung der Zielabweichung durch Kennzahlensysteme - der Erfolg steht und fällt mit der Qualität der Informationen.

4   Schlußbetrachtung

Die Bedeutung der Information bestimmt also das Handeln der Unternehmen und zwingt sie zu einer ganzheitlichen Ablaufbetrachtung. Inner- und zwischenbetriebliche Integration sind die Schlüsselworte des Erfolges im Handel, da Potentiale der Kostensenkung ermöglicht werden und ein deutlicher Informationsvorsprung geboten wird. Den Nutzen der Einführung eines computergestützten Warenwirtschaftssystem in einer Wirtschaftlichkeitsanalyse herauszustellen bedeutet jedoch einige Probleme, da nicht alle Vorzüge quantifizierbar sind und zukünftige Leistungspotentiale nur geschätzt werden können. Das kann dazu führen, daß der Diffusionsprozeß des Informationstechnologieeinsatzes gebremst wird und eine Konzentration der Filialsysteme zunimmt, denn im Informationszeitalter bestimmt die Schnelligkeit der Zielerreichung den Erfolg.

---

[72] Scheer, u.a. bieten ein „Rahmenkonzept für ein integriertes Geschäftsprozeßmanagement", in: Wirtschaftsinformatik (1995), S. 426 - 434.

Völlig außer acht gelassen wurden in diesem Zusammenhang die rechtlichen Aspekte: der automatisierte Geschäftsverkehr ist bislang kaum auf rechtliche Erfordernisse und Absicherung hin entwickelt. Es muß unter anderem geklärt werden, ob ein elektronisch versendeter Vertragsschluß mit den Komponenten Bestellung und Auftragsbestätigung als übereinstimmende Willenserklärung der beiden Geschäftspartner (Antrag und Annahme) gesehen werden kann, oder ob gegen die Formerfordernisse der Gesetzgebers verstoßen wird und damit im Streit- und Schadensersatzfall Beweiserfordernisse und damit Beweisschwierigkeiten auftreten.[73]

Ein weiteres Problem kann im Bereich der Personalorganisation und Arbeitsgestaltung entstehen. Die integrierten Systeme übernehmen standardisierte Abläufe, was zu arbeitsfreisetzenden Rationalisierungsmaßnahmen führt. Es können Arbeitssituationen der unpersönlichen Mensch-Maschine-Kommunikation entstehen, wobei das Personal im Zuge des Strukturwandels veränderten Anforderungen gegenübersteht (Trend zu hochqualifizierter Sachbearbeitertätigkeit). Eine teamorientierte Arbeitsorganisation im Sinne des Lean-Management reduziert Führungspositionen und ändert deren Rollenverständnis. So wird die Machtposition von einer Verantwortung für einen reibungslosen Ablauf von Prozessen ersetzt.[74]

Diese weitreichenden personellen Konsequenzen sind oft nur unter großen Schwierigkeiten durchzusetzen. Der Betriebsrat und das Personal selbst können die Einführung neuer Informationstechnologien und die damit verbundenen Reorganisationsmaßnahmen verzögern, wenn sie ihren Arbeitsplatz bedroht sehen. Damit es nicht dazu kommt, ist sensibles Vorgehen, verbunden mit ausreichenden Aufklärungsmaßnahmen, notwendig, das zu einer Bereitschaft der Zusammenarbeit aller Mitarbeiter führt.

Mit großem Interesse werde ich die weitere Entwicklung der Informationstechnologie verfolgen, die eine Grundvoraussetzung der zukünftigen Wettbewerbsfähigkeit der Unternehmen darstellt.

---

[73] Vgl. mit Büchner (1992).
[74] Vgl. mit Oechsler (1994), S. 217 - 230.

Hiermit versichere ich, die vorliegende Arbeit ohne unerlaubte Hilfe und ohne Benutzung anderer als der angegebenen Hilfsmittel angefertigt zu haben. Alle Stellen, die wörtlich oder sinngemäß aus Veröffentlichungen entnommen sind, habe ich als solche kenntlich gemacht.

Rebeleke Hoffm

Mahlberg, den 06.10.1996

Literaturverzeichnis:

Ahlert/Olbrich (1994)

Ahlert, D., Olbrich, R.: Integrierte Warenwirtschaftssysteme und Handelscontrolling, Stuttgart 1994

Ahlert/Olbrich (1994a)

Ahlert, D., Olbrich, R.: Die Einführung computergestützter Warenwirtschaftssysteme in Handelssystemen als Problem des geplanten organisatorischen Wandels, in: Ahlert, D., Olbrich, R.: Integrierte Warenwirtschaftssysteme und Handelscontrolling, Stuttgart 1994, S. 199 - 224

Ahlert/Olbrich (1993)

Ahlert, D., Olbrich, R.: Erfolgspotentiale im Marketing durch Computer Integrated Merchandising, in: HMD 173/1993, S. 27 - 46

Bauer-Trocheris (1994)

Bauer-Trocheris, P.: Computer Aided Consulting & Selling, in: DV-Management 4/1994, S. 158 - 163

Becker (1994)

Becker, J.:Unternehmensweite Datenmodelle im Handel und die informationstechnische Unterstützung der Distributionskette im Konsumgüterbereich - Die Antwort der Wirtschaftsinformatik auf die Herausforderungen an den Handel in den 90er Jahren, in: Ahlert, D., Olbrich, R.: Integrierte Warenwirtschaftssysteme und Handelscontrolling, Stuttgart 1994, S. 157 - 180

Becker/Vossen (1996)

Becker, J., Vossen, G.: Geschäftsprozeßmodellierung und Workflow-Management: Eine Einführung, in: Vossen, G., Becker, J.: Geschäftsprozeßmodellierung und Workflow-Management, Wien 1996, S. 17 - 26

Büchner (1992)

Büchner, W.: Rechtliche Chancen und Risiken zwischenbetrieblicher Integration im Wege des vernetzten Geschäftsverkehrs, in: HMD 165/1992, S. 34 - 46

Bullinger, u. a. (1990)

Bullinger, H.-J., u.a.: Marktspiegel, Warenwirtschaftssysteme für den Großhandel, Stuttgart 1990

Burg (1994)

Burg, M.: Stand und Entwicklungsperspektiven des Controlling in der Handelspraxis, Ergebnisse eine empirischen Erhebung, in: Ahlert, D., Olbrich, R.: Integrierte Warenwirtschaftssysteme und Handelscontrolling, Stuttgart 1994, S. 227 - 250

Desel/Oberweis (1996)

Desel, J., Oberweis, A.: Petri-Netze in der Angewandten Informatik, in: Wirtschaftsinformatik 38(1996)4, S. 359 - 366

Doch (1992)

Doch, J.: Zwischenbetrieblich integrierte Informationssysteme - Merkmale, Einsatzbereiche und Nutzeffekte, in: HMD 165/1992, S. 3 - 17

Ebert (1986)

Ebert, K.: Warenwirtschaftssysteme und Warenwirtschaftssystemcontrolling, Frankfurt 1986

Fischer, J., u. a. (1994)

Fischer, J., u. a.: Bausteine der Wirschaftsinformatik, Hamburg 1994

Fischer (1994)

Fischer, T.: Computergestützte Warenkorbanalyse als Informationsquelle des Handelsmanagements - Umsetzung anhand eines praktischen Falles, in: Ahlert, D., Olbrich, R.: Integrierte Warenwirtschaftssysteme und Handelscontrolling, Stuttgart 1994, S. 251 - 282

Franz (1994)

Franz, S.: Informations - Management als Basis für Prozeß - Management: in: Gaitanides, M., u. a.: Prozeßmanagement: Konzepte, Umsetzungen und Erfahrungen des Reengineering, München 1994, S. 225 - 244

Gaitanides (1994)

Gaitanides, M., u. a.: Prozeßmanagement: Konzepte, Umsetzungen und Erfahrungen des Reengineering, München 1994

Gaitanides (1994a)

Gaitanides, M., Scholz, R., Vrohlings, A.: Prozeßmanagement - Grundlagen und Zielsetzungen, in: Gaitanides, M., u. a.: Prozeßmanagement: Konzepte, Umsetzungen und Erfahrungen des Reengineering, München 1994, S. 1 - 20

Gebauer/Zinnecker (1992)

Gebauer, A., Zinnecker, J.: Normen und Standards - Fundamente der zwischenbetrieblichen Integration, in: HMD 165/1992, S. 18 - 33

Geiges/Wenzel (1995)

Geiges, P., Wenzel, P.: Eine betriebliche Standardlösung „SAP-R/3" macht sich einen Namen, in: DV-Management 1/1995, S. 3 - 8

Hallier (1992)

Hallier, B.: Kommunikationstechnologie zwischen Handel und Industrie, in: HMD 165/1992, S. 108 - 116

Hammer/Champy (1993)

Hammer, M., Champy, J.: Reengineering the Corporation - A manifesto for Business Revolution, New York 1993

Heinrich (1994a)

Heinrich, L.: Systemplanung 1, 6.Auflage, München 1994

Heinrich (1994b)

Heinrich, L.: Systemplanung 2, 5. Auflage, München 1994

Hertel (1992)

Hertel, J.: Design mehrstufiger Warenwirtschaftssysteme, Heidelberg 1992

Herzig (1993)

Herzig, A.: Computer Aided Selling (CAS) - Einordnung heutiger Standardsoftware in Vertriebsstrategien und - systeme, in: HMD 173/1993, S. 47 - 55

Hess/Brecht (1995)

Hess, T., Brecht, L.: State of the Art des Business Process Redesign, Wiesbaden 1995

Jablonski (1995)

Jablonski, S.: Workflow-Management-Systeme: Motivation, Modellierung, Architektur, in: Informatik Spektrum 18 (1995), S. 13 - 24

Kirchner/Zentes (1984)

Kirchner, Zentes: Führen mit Warenwirtschaftssystemen, Frankfurt 1984

Köckeritz (1991)

Köckeritz, W.: EDV-gestützte Warenwirtschaft in Großbetrieben des Einzelhandels, Stuttgart 1991

Krickl (1994)

Krickl, O.: Geschäftsprozeßmanagement, Heidelberg 1994

Krickl (1994a)

Krickl, O.: Business Redesign - Prozeßorientierte Organisationsgestaltung und Informationstechnologie, in: Krickl, O.: Geschäftsprozeßmanagement, Heidelberg 1994, S. 17 - 38

Kruse/Scheer (1994)

Kruse, C., Scheer, A.: Dezentrale Prozeßkoordination in Planungsinseln, in: Information Management 3/1994, S. 6 - 11

Leismann (1990)

Leismann, U.: Warenwirtschaftssysteme mit Bildschirmtext, Berlin 1990

Mertens (1995)

Mertens, P.: Integrierte Informationsverarbeitung 1, 10. Aufl., Wiesbaden 1995

Mörk (1992)

Mörk, R.: Ein praxisorientiertes Vorgehensmodell zur Einführung von zwischenbetrieblicher Integration (ZBI), in: HMD 165/1992, S. 47 - 67

Müller/Fuhrberg - Baumann (1993)

Müller, R., Fuhrberg - Baumann, J.: Integriertes Auftragsmanagement - Kurze Lieferzeiten und hohe Termintreue durch Einführung von Vertriebsinseln, in: HMD 173/1993, S. 74 - 86

Oechsler (1994)

Oechsler, A.: Personal und Arbeit, 5. Auflage, München 1994

Olbrich (1994)

Olbrich, R.: Stand und Entwicklungsperspektiven integrierter Warenwirtschaftssysteme, in: Ahlert, D., Olbrich, R.: Integrierte Warenwirtschaftssysteme und Handelscontrolling, Stuttgart 1994, S. 117 - 156

Olbrich (1992)

Olbrich, R.: Informationsmanagement in mehrstufigen Handelssystemen, Frankfurt 1992

Pitschek (1994)

Pitschek, G.: EDV-gestütztes Geschäftsprozeßmanagement: Anforderungen und Trends, in: Krickl, O.: Geschäftsprozeßmanagement, Heidelberg 1994, S. 123 - 138

Reinwald (1993)

Reinwald, B.: Workflow - Management in verteilten Systemen, Stuttgart 1993

Scheer (1996)

Scheer, A.: ARIS-Toolset: Von Forschungs-Prototypen zum Produkt, in: Informatik - Spektrum 1996, S. 71 - 78

Scheer (1995)

Scheer, A.: Wirtschaftsinformatik: Referenzmodelle für industrielle Geschäftsprozesse, 6. Aufl., Berlin 1995

Scheer (1995)

Scheer, A., u. a.: Rahmenkonzept für ein integriertes Geschäftsprozeßmanagement, in: Wirtschaftsinformatik 37/ 1995, S. 426 - 434

Scheer/Jost (1996)

Scheer, A., Jost, W.: Geschäftsprozeßmodellierung innerhalb einer Unternehmensarchitektur, in: Vossen, G., Becker, J.: Geschäftsprozeßmodellierung und Workflow-Management, Wien 1996, S. 29 - 46

Schütte (1996)

Schütte, R.: Prozeßorientierung in Handelsunternehmen, in: Vossen, G., Becker, J.: Geschäftsprozeßmodellierung und Workflow-Management, Wien 1996, S. 257 - 276

Schiebel (1987)

Schiebel, W.: Die Europäische Artikelnummer (EAN), Wien 1987

Schiffel (1984)

Schiffel, J.: Warenwirtschaftssysteme im Einzelhandel - Möglichkeiten und Grenzen, Augsburg 1984

Schwarzer/Krcmar (1994)

Schwarzer, B., Krcmar, H.: Business Redesign - Implikationen für das Human - Ressourcen - Management, in: Krickl, O.: Geschäftsprozeßmanagement, Heidelberg 1994, S. 79 - 92

Steppan/Mertens (1990)

Steppan, G., Mertens, P.: Computer - Aided Selling - Neuere Entwicklungen bei der DV-Unterstützung des industriellen Vertriebs, in: Informatik - Spektrum 1990, S. 137 - 150

Vossen/Becker (1996)

Vossen, G., Becker, J.: Geschäftsprozeßmodellierung und Workflow-Management, Wien 1996

Wall (1996)

Wall, F.: Organisation und betriebliche Informationssysteme, Elemente einer Konstruktionstheorie, Wiesbaden 1996

Anhang

Schicht	Schicht1	Schicht2	Schicht3
Name	Bit-Übertragungsschicht	Sicherungsschicht	Vermittlungsschicht
Aufgaben	-Übertragung von binären Informationen als Bitstrom - Aktivierung Deaktivierung der physikalischen Verbindung	-Gewährleistung einer fehlerfreien Datenübertragung	- Auf-/ und Abbau von Teilverbindungen Verknüpfung von Teilverbindungen
Funktionen	- Aktivierung/ Deaktivierung der physischen Verbindung -Bitübertragung -Verwaltung der Bit-Übertragungsschicht	-Übermittlungsabschnitt auf-/abbauen -Begrenzung und Synchronisation -Folgekontrolle -Fehlerkontrolle, -erkennung und -behebung -Flußkontrolle -Identifikation und Parameteraustausch -Überwachung der physischen Verbindung -Verwaltung der Sicherungsschicht	Leitweglenkung/ Ersatzrouten -Netzverbindungen -Multiplexen der Netzverbindungen -Segmentierung und Blockbildung -Fehlererkennung und -behebung -Folge- und Flußkontrolle -Beschl Datentransfer -Rücksetzen der Netzverbindung -Dienstauswahl -Verwaltung der Vermittlungsschicht
Dienste	-Ungesicherte Verbindungen -Ungesicherte Service-Data-Units -Endpunkterkennung der ungesicherten Verbindung -Kennzeichnung der Datenverbindung -Folgekontrolle -Fehleranzeige -Spezifische Parameter für Dienstgüte	-Gesicherte Systemverbindung -Gesicherte Service-Data-Units -Endpunkterkennung der gesicherten Systemverbindung -Folgekontrolle -Fehlerbenachrichtigung -Flußkontrolle -Spezifische Parameter für Dienstgüte	-Netzadressen und -verbindungen -Identifizierung der Verbindungs-Endpunkte -Übertragung von Network-Service-Data-Units -Benachrichtigung über irreparable Fehler -Vorrangiger Datentransfer -Rücksetzen -Auflösen der Netzverbindungen -Empfangsbestätigung -Flußregelung -Folgekontrolle -Spezifische Parameter für Dienstgüte
Relevante Normen	Allgemein: X.200 ISO 7498	Allgemein: X.200 ISO 7498	Allgemein: X.200 ISO 7498

Schicht	Schicht4	Schicht5	Schicht6
Name	Transportschicht	Kommunikationsschicht	Darstellungsschicht
Aufgaben	-Auf-/Abbau der Verbindung zw. Endgeräten -Fehler-End-zu-End-Kontrolle -Umsetzung von Namen in Netzadressen	Auf-/Abbau, sowie Aufrechterhaltung der logischen Verbindung (Session)	-Umsetzung von Daten der Anwendung in internes Format und zurück
Funktionen	-Errichten der Transportverbindung -Datenübertragung -Auflösen der Transportverbindung -Verwaltung der Transportschicht	-Zuordnen der Sitzungsverbindung zur Transportverbindung -Flußkontrolle der Sitzungsverbindung -Beschleunigter Datenaustausch -Sitzungsverbindung wiederherstellen und auflösen -Verwaltung der Kommunikationssteuerungsschicht	-Anforderung des Sitzungsaufbaus -Datentransfer -Abstimmung der Syntax und des Darstellungsprofils -Umsetzung der Syntax und des Darstellungsprofils -Formatanpassung -Anfordern der Sitzungsdurchführung
Dienste	-Einrichtungsdienste -Datenübertragungsdienste (inkl. vorrangige Datenübertragung) -Auflösen der Transportverbindung	-Errichten und Auflösen der Sitzungsverbindung -Normaler und beschleunigter Datentransfer -Dialogsteuerung -Synchronisieren der Sitzungsverbindung -Benachrichtigung über irreparable Fehler	-Daten-Syntax-Umsetzung -Datenformatierung -Auswahl der Syntax -Auswahl des Darstellungsprofils
Relevante Normen	Allgemein: X.200 ISO 7498	Allgemein: X.200 ISO 7498	Allgemein: X.200 ISO 7498

Schicht 7: Anwendungsschicht: Ausführung von Anwendungsprozessen (Datenverarbeitung oder Kommunikation) mit entsprechender Software

Tab. 5: Schichten 1 - 7 des ISO-OSI-Referenzmodells, Quelle: Auszug aus Gebauer/Zinnecker (1992), S. 22.

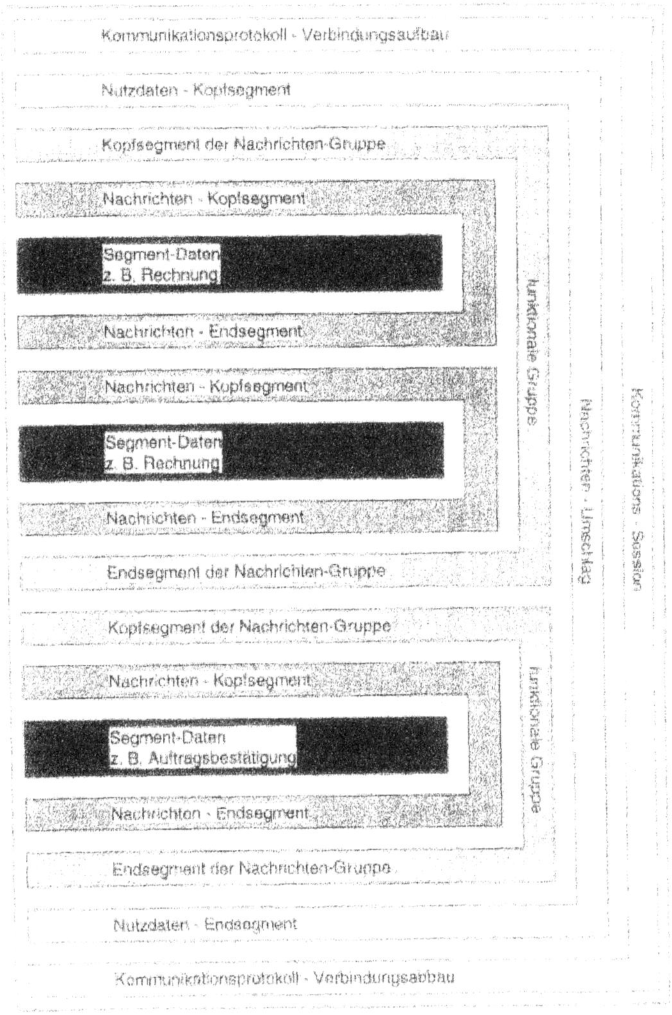

Abb. 17: Die EDIFACT-Datenübertragung, Quelle: Becker (1994), S. 176.

Lebenslauf

Persönliche Daten

Rebekka Hoffmeister
Mattenweg 7
77972 Mahlberg
07825/870817
hoffmeis@mibm.ruf.uni-freiburg.de

geboren am 02.März 1974 in Freiburg
unverheiratet

Schulausbildung

1980 - 1984	Grundschule in Mahlberg
1984 - 1993	Städt. Gymnasium Ettenheim, Abitur mit der Durchschnittsnote 2,4

Studium

seit Okt.1993   Diplomvolkswirtschaftslehre an der Albert-Ludwigs-Universität in Freiburg
Diplomarbeit im Fach Wirtschaftsinformatik mit der Note 1,3
Voraussichtliches Studienende: April 1998

Praktika

1993	Fa. Upat: Exportabteilung (2 Monate)
1994	Steuerberaterkanzlei Espenschied (6 Wochen)
1995	Fa. Schering: Biometrie (3 Monate)
1996	Fa. Burda: Lohn- und Gehaltsabteilung (6 Monate)

Kenntnisse

EDV   Textverarbeitung, Tabellenkalkulation, SAS, Datev - Buchhaltungssoftware, SAP-RP.

Fremdsprachen   Englisch - verhandlungssicher (auch Wirtschaftsenglisch)
Französisch - verhandlungssicher (auch Wirtschaftsfranzösisch)

Interessen

Hobbys   lesen, reisen, rudern

Mahlberg, 6. April 1997

Diplomarbeiten **Agentur**

Die Diplomarbeiten Agentur vermarktet seit 1996 erfolgreich Wirtschaftsstudien, Diplomarbeiten, Magisterarbeiten, Dissertationen und andere Studienabschlußarbeiten aller Fachbereiche und Hochschulen.

Seriosität, Professionalität und Exklusivität prägen unsere Leistungen:

- Kostenlose Aufnahme der Arbeiten in unser Lieferprogramm
- Faire Beteiligung an den Verkaufserlösen
- Autorinnen und Autoren können den Verkaufspreis selber festlegen
- Effizientes Marketing über viele Distributionskanäle
- Präsenz im Internet unter **http://www.diplom.de**
- Umfangreiches Angebot von mehreren tausend Arbeiten
- Großer Bekanntheitsgrad durch Fernsehen, Hörfunk und Printmedien

Setzen Sie sich mit uns in Verbindung:

Diplomarbeiten **Agentur**
Dipl. Kfm. Dipl. Hdl. Björn Bedey —
Dipl. Wi.-Ing. Martin Haschke ——
und Guido Meyer GbR ————

Hermannstal 119 k ————
22119 Hamburg ————

Fon: 040 / 655 99 20 ————
Fax: 040 / 655 99 222 ————

agentur@diplom.de ————
www.diplom.de ————

Diplomarbeiten Agentur

www.diplom.de

- **Online-Katalog**
  mit mehreren tausend Studien

- **Online-Suchmaschine**
  für die individuelle Recherche

- **Online-Inhaltsangaben**
  zu jeder Studie kostenlos einsehbar

- **Online-Bestellfunktion**
  damit keine Zeit verloren geht

**Wissensquellen
gewinnbringend nutzen.**

**Wettbewerbsvorteile
kostengünstig verschaffen.**

www.ingramcontent.com/pod-product-compliance
Lightning Source LLC
Chambersburg PA
CBHW031230050326
40689CB00009B/1539